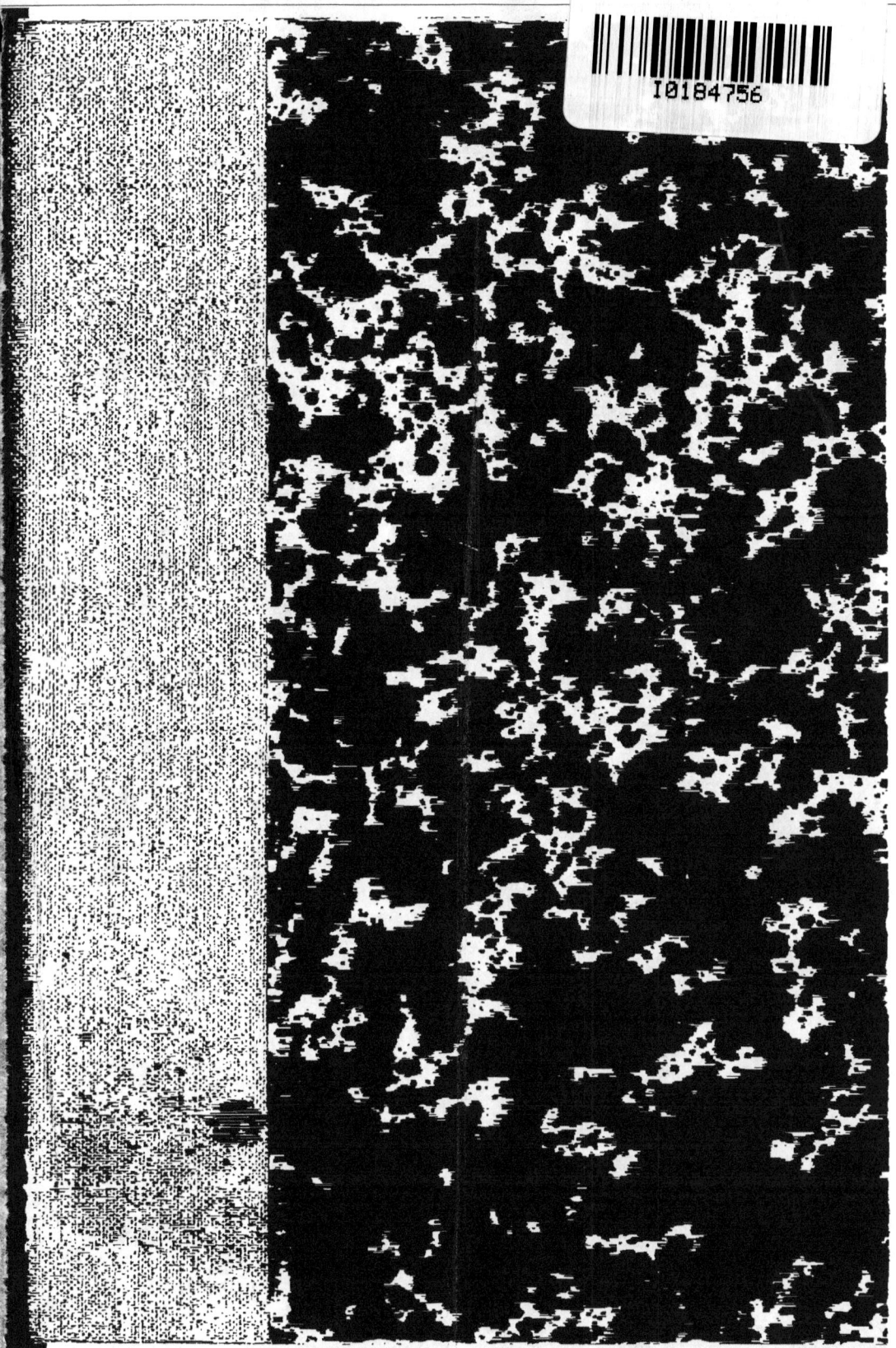

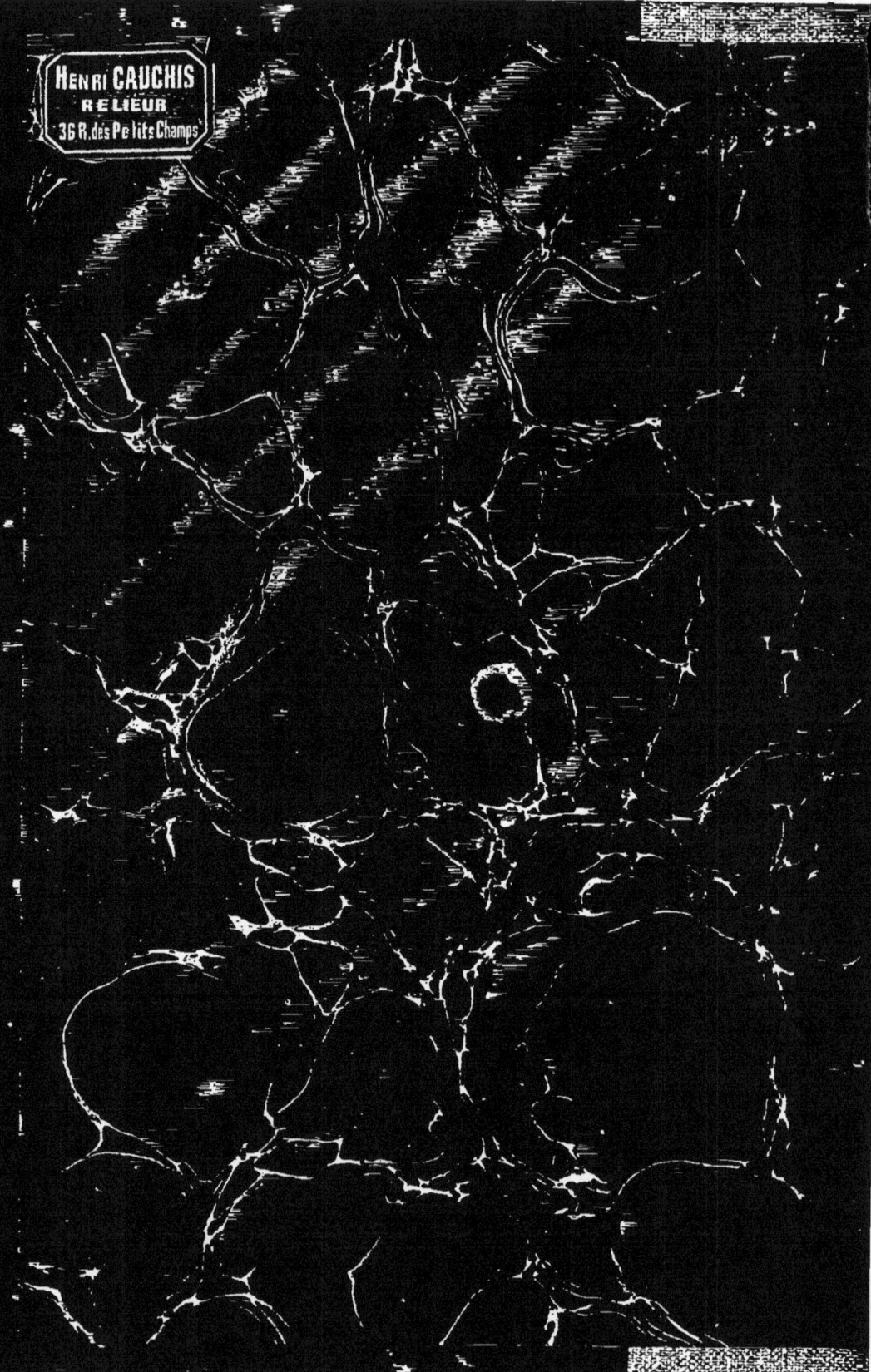

LA
GUERRE DE 1870

SIMPLE RÉCIT

COULOMMIERS

Imprimerie PAUL BRODARD.

GÉNÉRAL NIOX

LA
GUERRE DE 1870

SIMPLE RÉCIT

PARIS
LIBRAIRIE CH. DELAGRAVE
15, RUE SOUFFLOT, 15

1897

Je dédie ce simple récit aux soldats, à ceux qui sont dans le rang.

La plupart ne pourront jamais lire d'histoire savamment écrite; il faut pourtant qu'ils sachent ce que nous avons souffert en 1870, et qu'ils s'efforcent, d'en effacer le souvenir.

C'est à eux que j'offre ce livre.

Général NIOX.

1ᵉʳ juin 1896.

LA GUERRE DE 1870

SIMPLE RÉCIT

AVANT LA GUERRE

Relations de la France et de la Prusse. — Au siècle dernier, la Prusse n'était qu'un très petit royaume, gouverné par des princes ambitieux, d'humeur guerrière. Une succession de guerres heureuses agrandirent leurs États, et la Prusse est devenue l'une des principales puissances de l'Europe.

Entre elle et la France, il n'y a jamais eu d'amitié. La guerre de 1870, à la suite de laquelle la France a été mutilée et amoindrie, n'a pas mis fin à la rivalité des deux peuples. Tous deux restent sous les armes, car nous ne sommes pas résignés à la perte de nos deux provinces d'Alsace et de Lorraine, si fermement unies de cœur avec nous.

En 1806[1], l'armée prussienne avait été vaincue et détruite à *Iéna*, par Napoléon.

Jusqu'en 1813, des garnisons françaises avaient occupé le royaume de Prusse; mais les revers succédèrent à nos victoires et, lorsqu'en 1814 et en 1815 les armées coalisées de l'Europe envahirent la France, les Prussiens se montrèrent les plus acharnés de nos ennemis. Il fallut l'in-

---

1. Voir l'Appendice.

tervention généreuse de l'empereur de Russie, Alexandre, pour empêcher le démembrement de notre pays.

La France se releva promptement de ces épreuves et une série de guerres glorieuses en Afrique, en Crimée, en Italie, au Mexique lui permirent de reprendre le premier rang comme puissance militaire.

Ces souvenirs doivent être rappelés, parce qu'ils peuvent nous consoler des malheurs récents et nous donner espoir dans l'avenir.

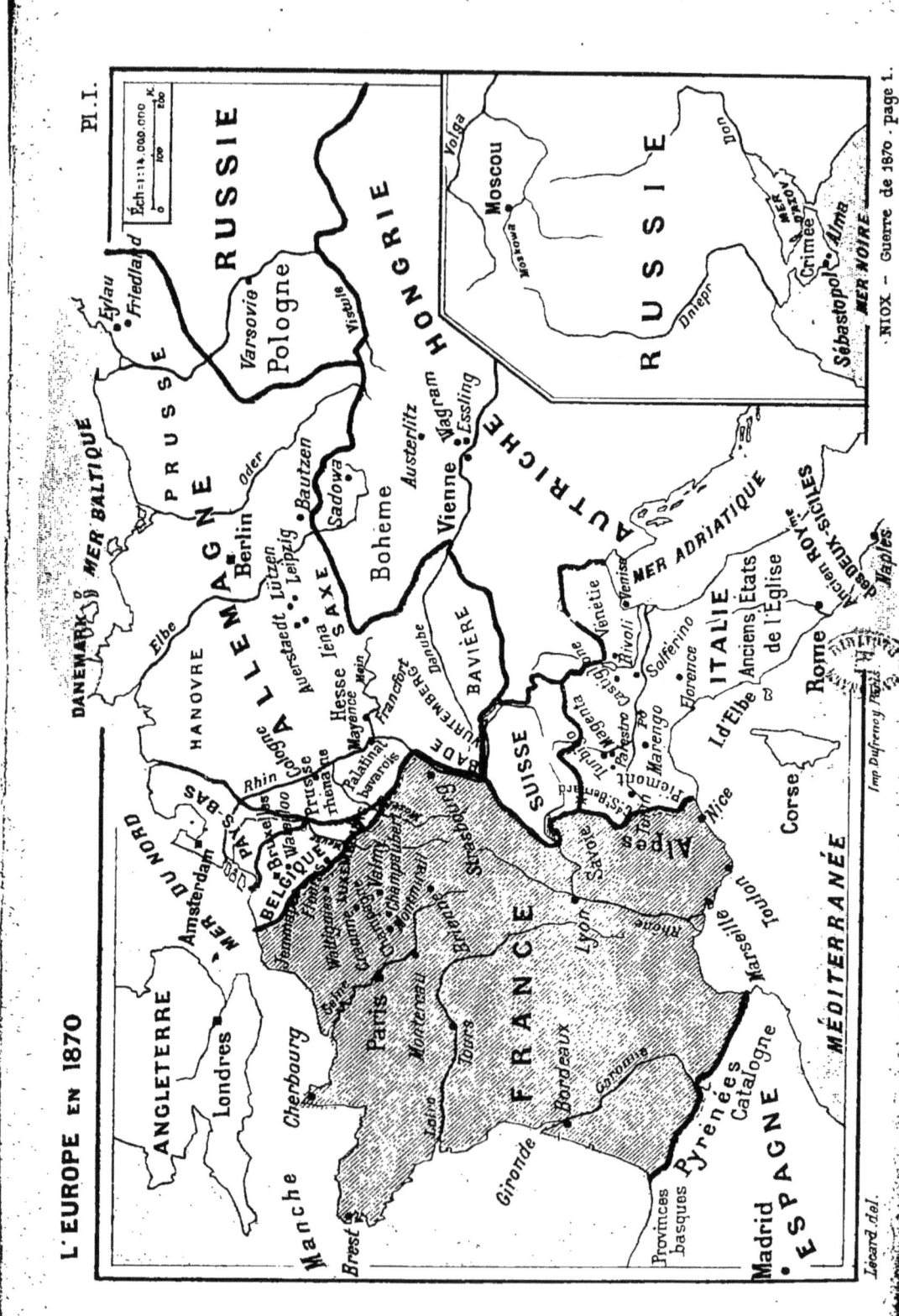

RÉSUMÉ DES GUERRES MODERNES

Conquête de l'Algérie (1830-1856). — Depuis plusieurs siècles, les pirates algériens infestaient la Méditerranée, et les efforts faits, à diverses reprises, par des escadres françaises et espagnoles pour réprimer cette piraterie, n'avaient amené aucun résultat.

En 1827, le dey d'Alger insulta le consul de France; comme il ne fut pas possible d'obtenir réparation de cet outrage, une armée française débarqua en Algérie. Elle s'empara d'Alger (1830). La conquête s'étendit successivement sur l'Algérie entière. Mais les populations arabes étaient vaillantes et guerrières; la lutte fut longue et la prise de possession ne fut assurée qu'après la soumission de la Kabylie, en 1856.

C'est à cette grande école des guerres d'Afrique que se formèrent les généraux et les soldats dont la bravoure allait illustrer le nom français en Crimée et en Italie.

Guerre de Crimée (1854-1855). — En **1854**, l'Empereur Napoléon III s'allia avec l'Angleterre et la Turquie contre la Russie. Une armée franco-anglaise fut transportée en Crimée dans le but de détruire le grand port de **Sébastopol**, principal arsenal maritime de la Russie dans la mer Noire. Les Russes y amenèrent des forces considérables et résistèrent pendant une année entière. L'hiver extrêmement rigoureux, le choléra, les travaux et la garde des tranchées, les combats fréquents firent éprouver de grandes pertes. Environ 100 000 Français périrent en Crimée.

Enfin, le 5 septembre 1855, un dernier assaut nous rendit maîtres des hauteurs de **Malakoff**[1] qui dominaient la ville. La paix fut conclue peu après.

---

1. Le maréchal Pélissier, qui commandait l'armée française, reçut le titre de duc de Malakoff.

Pendant ce long siège, il n'y eut jamais d'animosité entre les Français et les Russes, qui profitaient, au contraire, de toutes les suspensions d'armes pour fraterniser. L'amitié qui unit aujourd'hui les deux armées et les deux nations, commença sur les champs de bataille de Crimée.

Guerre d'Italie. — En **1859**, une armée française soutint le Piémont [1] contre l'Autriche.

Cette campagne dura deux mois seulement. Les victoires de **Montebello**, de **Palestro**, de **Turbigo**, de **Magenta** [2], de **Solferino** assurèrent l'indépendance italienne.

Le roi de Piémont acquit une partie des provinces qui appartenaient à l'Autriche ou qui formaient des duchés indépendants; il prit le titre de roi d'Italie et transféra sa capitale de Turin à Florence [3]. D'accord avec les vœux des populations, consultées par un vote, le Piémont céda à la France la Savoie et une partie du comté de Nice, pays de langue française, situés sur le versant occidental des Alpes et dont les intérêts ne pouvaient se confondre, à l'avenir, avec ceux du nouveau royaume d'Italie.

La Savoie forma les départements de la Savoie et de la Haute-Savoie. Le comté de Nice forma le département des Alpes-Maritimes.

Cette guerre ne laissa pas d'aigreur entre la France et l'Autriche, qui s'étaient loyalement combattues. Des rapports amicaux se rétablirent bientôt entre elles.

---

1. Le Piémont était un petit royaume qui comprenait une partie de l'Italie du nord et la Savoie. Sa capitale était Turin.

2. Le maréchal de Mac-Mahon, à la valeur duquel était due la victoire de Magenta, reçut le titre de duc de Magenta.

3. Toute l'Italie ne fut pas encore réunie en un seul royaume. L'Autriche conservait la *Vénétie*; le Pape possédait Rome et les *États de l'Église*; l'Italie méridionale et la Sicile formaient le royaume *des Deux-Siciles*; capitale Naples.

En 1870, lorsque la garnison française qui protégeait l'indépendance du Pape, fut rappelée, les Italiens occupèrent Rome et en firent leur capitale.

Expédition de Syrie (1860). — A peine la guerre d'Italie était-elle terminée qu'un petit corps expéditionnaire dut être envoyé en Syrie pour protéger les populations chrétiennes contre les violences des musulmans fanatiques.

La protection des chrétiens d'Orient est une des nobles traditions du passé auxquelles la France a toujours tenu à honneur de rester fidèle.

Expédition du Mexique (1862-1867). — En **1862**, l'empereur Napoléon III se laissa entraîner dans une expédition lointaine au Mexique. Il voulait obtenir du gouvernement mexicain le règlement de certains intérêts financiers et, en intervenant dans les affaires politiques de ce pays, alors déchiré par la guerre civile, il espérait, en outre, accroître le prestige et l'influence extérieure de la France.

Cette guerre présenta des difficultés imprévues. La résistance de la ville de *Puebla* nécessita un siège long et meurtrier (1863).

L'armée française, sous les ordres du maréchal Forey, occupa Mexico et fit proclamer empereur l'archiduc Maximilien d'Autriche[1]. Le nouveau gouvernement ne put se consolider, et lorsque l'armée rentra en France, en 1867, l'empereur Maximilien fut fait prisonnier par le parti républicain et fusillé.

Tandis que pendant ces vingt années de guerre, de 1855 à 1867, la France prodiguait son sang et ses trésors pour soutenir des intérêts qui lui étaient étrangers, la Prusse continuait l'œuvre patiente de son organisation militaire et se préparait à dominer l'Allemagne.

---

1. Après l'occupation de Mexico, le maréchal Forey fut remplacé dans son commandement par le maréchal Bazaine.

Guerre entre la Prusse et l'Autriche. — L'Allemagne était alors divisée en un certain nombre d'États, qui formaient la Confédération germanique. La Prusse et l'Autriche s'y disputaient la suprématie.

En **1866**, la guerre éclata entre ces deux puissances. La plupart des États allemands, c'est-à-dire le royaume de Bavière, le royaume de Hanovre, le royaume de Wurtemberg, le royaume de Saxe, le grand-duché de Hesse, etc., prirent parti pour l'Autriche. La Prusse avait pour alliée l'Italie.

La grande victoire de **Sadowa**[1] décida de la paix.

La Prusse s'empara des États du roi de Hanovre et du grand-duc de Hesse; elle imposa ses volontés au reste de l'Allemagne.

L'Autriche dut céder la Vénétie à l'Italie, l'alliée de la Prusse.

L'empereur Napoléon III, qui était engagé dans l'expédition du Mexique, n'intervint pas dans cette guerre. M. de Bismarck, alors ambassadeur en France, s'était assuré de sa neutralité bienveillante, en lui laissant faussement espérer que, par compensation des agrandissements que la Prusse réaliserait, la France pourrait acquérir quelques pays de la rive gauche du Rhin, comme elle avait acquis Nice et la Savoie en compensation de l'agrandissement du royaume de Piémont, en 1860.

Mais, après la victoire de Sadowa, Bismarck changea de ton; les relations entre la France et la Prusse devinrent dès lors très tendues. Il était à prévoir que, tôt ou tard, la guerre éclaterait entre elles. La France attendait une occasion et la Prusse la cherchait.

---

1. *Sadowa*, localité de Bohême.

I

PRÉPARATIFS DE GUERRE

Causes de la guerre de 1870. — La guerre de 1866 avait suscité en Allemagne des haines nombreuses contre la Prusse; celle-ci craignait que l'Autriche et les États du sud de l'Allemagne ne cherchassent un appui près de la France, qui, de son côté, ne pouvait voir sans déplaisir le développement de la puissance prussienne.

Le roi de Prusse, Guillaume, et son ministre Bismarck se rendaient compte du danger, mais ils savaient aussi que les forces militaires de la France étaient, en ce moment, inférieures à celles de la Prusse. Bismarck résolut de provoquer une guerre et de faire en sorte que tous les États allemands s'y trouvassent intéressés. C'était le meilleur moyen de leur faire oublier les humiliations subies en 1866. Il fit surexciter le patriotisme allemand, en rappelant, dans les journaux, les souvenirs des guerres du passé, en représentant la France comme l'ennemie héréditaire de l'Allemagne, en disant qu'elle voulait s'emparer des pays de la rive gauche du Rhin et empêcher les Allemands de s'unir pour former un grand peuple.

De son côté, le général de Moltke [1] s'occupait active-

---

[1]. Le général de Moltke était chef d'état-major de l'armée prussienne. D'origine danoise, il avait pris du service en Prusse. C'était un officier de grande valeur. Après avoir dirigé la campagne de 1866, ce fut lui qui prépara le plan de campagne contre la France.

ment de perfectionner l'organisation de l'armée allemande, en vue de la guerre qui se préparait.

Bismarck voulait, en outre, amener la France à déclarer elle-même la guerre, afin qu'elle parût dans son tort et ne trouvât pas d'alliés. Ses machinations réussirent. Le gouvernement français tomba dans le piège.

Voici ce qui se passa :
En 1870, à la suite d'une révolution, la couronne d'Espagne avait été offerte à un prince de Hohenzollern, parent de la famille royale de Prusse. L'empereur Napoléon s'en était inquiété et avait fait des observations. Bien que ce projet eût été abandonné, Bismarck en tira parti pour irriter les susceptibilités de la France. Ses journaux réussirent à aigrir les rapports entre les deux gouvernements. Cependant, le roi Guillaume hésitant encore à rompre avec la France, Bismarck rendit la guerre inévitable en modifiant les termes d'une dépêche envoyée par le roi à ses agents diplomatiques, et en la rédigeant en termes blessants.

Lorsque la dépêche allemande fut communiquée à la Chambre des députés et au Sénat, il y eut une explosion de colère ; le plan de Bismarck avait réussi.

La guerre fut déclarée par la France le 17 juillet 1870.

MOBILISATION DES ARMÉES

Les avertissements n'avaient pas manqué sur les intentions et sur la force militaire de la Prusse; cependant la France était loin d'être prête.

D'autre part, l'empereur Napoléon s'était fait l'illusion de compter sur l'alliance de l'Autriche et de l'Italie. Mais l'Autriche ne voulait pas faire la guerre. Quant à l'Italie, que nous avions soutenue en 1859 et qui nous devait son indépendance, elle avait également des obligations à la Prusse, son alliée en 1866.

Le gouvernement français espérait aussi qu'une partie des États allemands saisiraient cette occasion de prendre une revanche; au contraire, ils s'unirent tous avec la Prusse contre nous.

En Allemagne, tout était prêt pour la mobilisation de l'armée. Il suffisait d'un signal pour tout mettre en mouvement.

En France, rien n'était en ordre : ni les troupes, ni le matériel de guerre, ni les places fortes. L'effectif de l'armée n'était pas suffisant et les réserves n'étaient pas organisées pour entrer rapidement en campagne.

Le souvenir des succès obtenus en Crimée, en Italie, en Afrique, au Mexique, nous entretenait dans une dangereuse confiance; mais ces campagnes ne ressemblaient en rien à celle qui allait s'ouvrir contre l'armée allemande.

Formation des armées allemandes. — Dès le début de la guerre, les Allemands mobilisèrent 800 000 hommes prêts à entrer en campagne ; ils avaient, en outre, comme troupes de remplacement, 400 000 hommes de *Landwehr*.

Les troupes de première ligne, dont l'effectif était de **460 000 hommes** avec 1500 canons, furent réparties en trois Armées :

La Ire Armée, sous les ordres du général *Steinmetz* ;

La IIe Armée, la plus considérable, sous les ordres du prince *Frédéric Charles*, neveu du roi de Prusse ;

La IIIe Armée, sous les ordres du prince royal de Prusse, *Frédéric* [1], fils du roi Guillaume ; elle comprenait deux corps d'armée prussiens et les troupes de l'Allemagne du Sud, Bavarois, Badois, Wurtembergeois, etc.

Le roi Guillaume commandait en chef. Le plan de campagne avait été préparé, dans tous les détails, par le général de Moltke, son chef d'état-major.

La mobilisation et les transports par chemin de fer se firent avec ordre et rapidité. A la fin du mois de juillet, c'est-à-dire quinze jours après la déclaration de guerre, les armées allemandes se trouvaient sur la frontière :

La Ire Armée, à droite ;

La IIe Armée, au centre, devant Sarrebruck ;

La IIIe Armée, à gauche, devant Wissembourg ;

Une Armée de réserve se formait plus en arrière, à Mayence ; elle se réunit, peu de temps après, à la IIe Armée.

Formation de l'armée française. — L'armée française comptait alors 375 000 hommes de troupes actives et 175 000 hommes de réserve [2].

---

1. Le Prince royal succéda à son père l'empereur Guillaume 1er, en 1888 ; il mourut la même année, laissant la couronne impériale à son fils, l'empereur actuel, Guillaume II, qui est né en 1859.

2. La loi militaire de 1868 avait établi le service de cinq ans dans l'armée active et de quatre ans dans la réserve.

Les jeunes gens aptes au service et qui n'étaient pas incorporés dans l'armée active, étaient inscrits sur les contrôles de la *garde nationale mobile* ; ils ne recevaient aucune instruction.

Les cadres n'étaient pas plus instruits que la troupe. Les grades de sous-officiers et d'officiers étaient donnés sans aucune garantie de capacité.

Il devait y avoir 318 bataillons et 158 batteries de mobiles ; mais cette organisation n'existait que sur le papier.

PRÉPARATIFS DE GUERRE

Les troupes de première ligne étaient réparties en sept corps d'armée, plus la Garde impériale. Leur effectif ne dépassait pas **250 000 hommes**. C'était la moitié de l'effectif des Allemands.

A cette époque, les brigades, les divisions et les corps d'armée n'étaient pas formés dès le temps de paix [1]. Il fallut, au moment de la guerre, tout organiser, créer les états-majors, constituer les services administratifs, répartir l'artillerie. Les généraux ne connaissaient pas les troupes qu'ils allaient commander. Chacun se hâtait de rejoindre isolément son poste.

Bien que sa santé fût alors gravement atteinte et ses connaissances militaires très insuffisantes, l'empereur Napoléon III prit le commandement en chef de l'armée, qui reçut le nom d'*Armée du Rhin*. Le maréchal Lebœuf remplit les fonctions de chef d'état-major.

Le système de mobilisation, en usage en Allemagne, n'avait pas encore été adopté en France. L'appel des réserves fut long et compliqué.

Les régiments furent dirigés sur la frontière avec leurs effectifs de paix; les réserves et le matériel rejoignirent successivement, dans une grande confusion. Comme les réservistes n'étaient pas affectés aux régiments voisins de leurs résidences, les uns devaient traverser la France du nord au sud, les autres du sud au nord. Beaucoup ne purent arriver en temps utile.

Les transports par chemins de fer n'avaient pas été préparés avec soin. Il y eut d'incroyables désordres [2]; une

---

1. Seule, la Garde impériale formait un corps d'armée à deux divisions : une division de grenadiers et une division de voltigeurs.
Il y avait aussi quatre divisions actives de l'armée de Paris et trois divisions de l'armée de Lyon.

2. Pendant le blocus de Metz, plusieurs millions de cartouches, dont personne ne connaissait l'existence, furent retrouvés dans des wagons.

grande quantité de matériel se perdit ou s'égara. Nous espérions être prêts, avant l'ennemi, il le fut bien avant nous.

Ainsi, d'un côté, sous les ordres du roi de Prusse, entouré des princes des familles régnantes de l'Allemagne, marche une armée solidement constituée et commandée par des généraux expérimentés ; de l'autre, dans l'armée française, où tout s'improvise à la dernière heure, le commandement est mal assuré et la direction suprême en des mains inhabiles.

Tandis que les Allemands s'avançaient en masses compactes sur Sarrebruck et sur Wissembourg, les corps d'armée français se disséminèrent sur la frontière depuis Sarrebruck jusqu'à Belfort, comme en cordon de douaniers :

Le 1er corps (maréchal de Mac-Mahon), composé en grande partie de troupes d'Algérie, se forma à Strasbourg, avec une division en pointe à Wissembourg ;

Le 2e corps (général Frossard), le 3e corps (maréchal Bazaine), le 4e corps (général de Ladmirault), le 5e corps (général de Failly), et la Garde impériale (général Bourbaki) se réunirent au nord de Metz ;

Le 6e corps s'organisa au camp de Châlons sous les ordres du maréchal Canrobert ;

Le 7e corps (général Félix Douay) se concentra à Belfort.

Les Allemands avaient une artillerie beaucoup plus nombreuse et d'une portée supérieure à la nôtre. Leur infanterie était armée du fusil à aiguille, qu'elle possédait déjà en 1866.

L'infanterie française avait un fusil d'une portée et d'une

justesse supérieures, mais c'était une arme nouvelle qui n'avait pas été encore complètement expérimentée [1], et dont les réservistes ignoraient le mécanisme. Il fallut le leur apprendre au moment même de se battre.

---

1. Le fusil français était appelé vulgairement *Chassepot*; c'était le nom d'un contrôleur d'armes qui avait coopéré à sa fabrication.

Les approvisionnements d'armes n'étaient pas suffisants. Dans le courant de la guerre, des armes de différents modèles furent achetées en Amérique, et d'anciens fusils transformés et appelés *fusils à tabatière*, parce que leur culasse s'ouvrait comme une tabatière, furent utilisés pour l'armement des troupes.

L'artillerie avait quelques batteries de *mitrailleuses* ou canons à balles qui lançaient des gerbes de balles à des distances de 1200 à 1800 mètres. Elles rendirent de médiocres services.

DESCRIPTION DU THÉATRE DE LA GUERRE

La France était alors bornée, au nord, par le royaume de Belgique et par le grand-duché de Luxembourg, pays neutres [1]; par la province de Prusse rhénane et par le Palatinat bavarois.

A l'est, elle avait pour frontière le *Rhin*, grand fleuve large et rapide, difficile à traverser.

Dans les temps anciens, le Rhin marquait la séparation entre la Gaule et la Germanie, c'est-à-dire entre les pays qui sont devenus la France et l'Allemagne.

C'est la frontière naturelle de la France.

Sur la rive droite du Rhin, le *Grand-Duché de Bade*.

Sur la rive gauche, l'*Alsace* (départements du Haut-Rhin, chef-lieu Colmar, et du Bas-Rhin, chef-lieu Strasbourg).

A l'ouest de l'Alsace, la *Lorraine* (départements de la Meurthe, chef-lieu Nancy; de la Moselle, chef-lieu Metz; de la Meuse, chef-lieu Bar-le-Duc; des Vosges, chef-lieu Épinal).

On parle allemand en Alsace et dans la partie nord de la Lorraine, mais aucun pays n'est plus attaché à la patrie française; il a donné à la France un grand nombre de vaillants soldats et de généraux illustres.

Plus au sud, la France touchait à la Suisse, pays neutre comme la Belgique.

Les montagnes des *Vosges* séparent l'Alsace de la Lorraine.

A l'ouest des Vosges, coule la *Moselle* et, plus à l'ouest, la *Meuse*.

---

1. On appelle pays *neutres* des pays qui, par suite des traités conclus entre les puissances européennes, sont sous la garantie de ces puissances. En cas de guerre, il leur est interdit de prendre parti pour les uns ou pour les autres et leur territoire ne peut être traversé par les armées belligérantes.

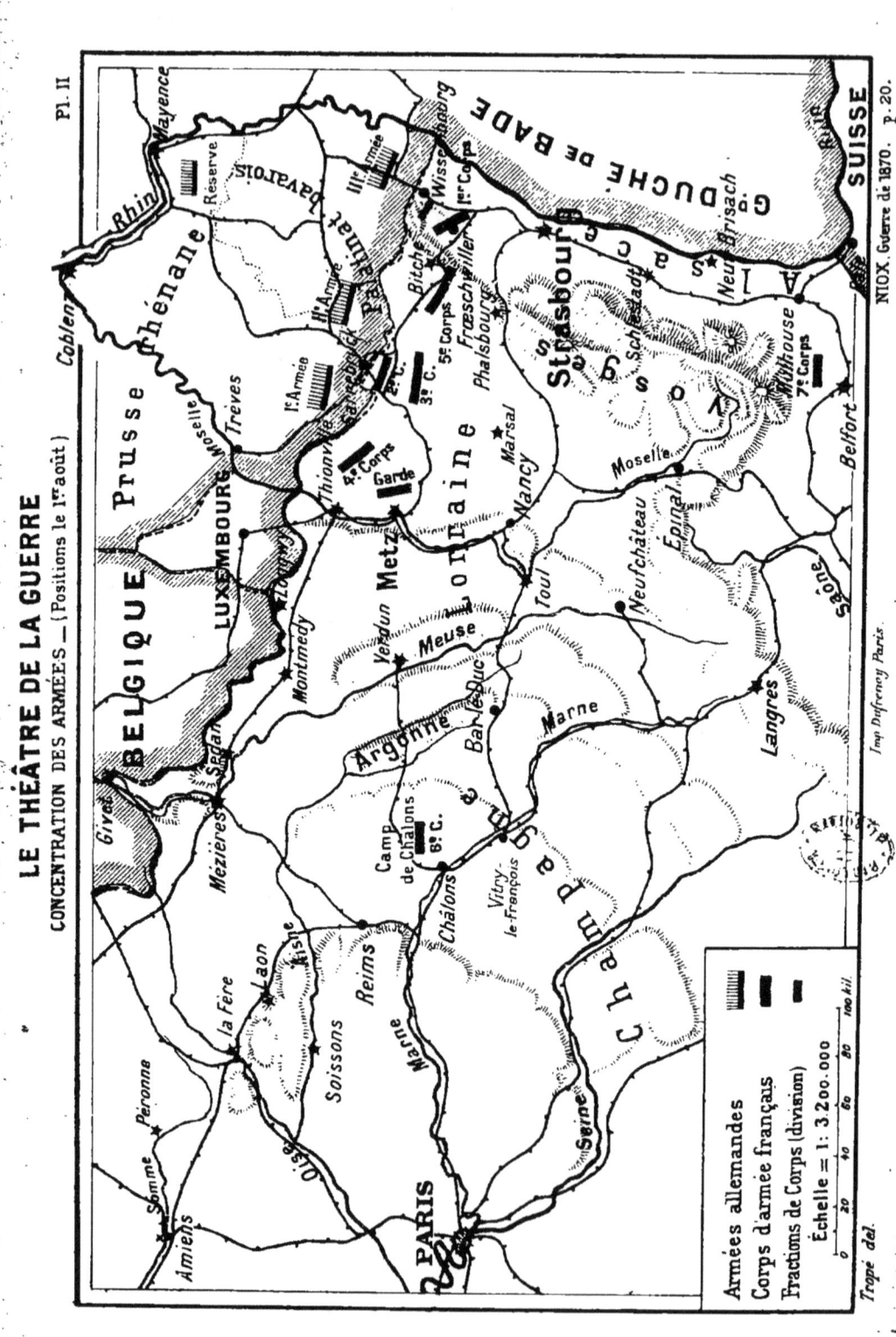

À l'ouest de la Meuse, est la grande forêt d'*Argonne*.

Entre l'Argonne et Paris, s'étendent les vastes plaines de la Champagne, où se trouve le camp de Châlons.

Places fortes. — Les principales places fortes de la frontière étaient :

Strasbourg sur le Rhin, **Metz** sur la Moselle, **Belfort** qui défendait les passages entre les Vosges et le Jura.

Les autres forteresses, incapables pour la plupart d'une résistance sérieuse, étaient :

Lichtenberg et la *Petite-Pierre*, dans les Vosges, petits forts insignifiants ;

Schlestadt et *Neuf-Brisach*, en Alsace ; *Bitche* et *Phalsbourg*, dans les Vosges ;

Thionville au nord de Metz, et *Toul* au sud.

Entre les Vosges et la Moselle, *Marsal*, mauvaise bicoque sans valeur.

Sur la Meuse, **Verdun**, vieille place, assez forte cependant.

Au nord, près de la frontière du Luxembourg, *Longwy* et *Montmédy*, très petites places.

Près de la frontière belge, sur la Meuse : *Sedan*, *Mézières* et *Givet*, avec de vieilles fortifications.

Au sud, près des sources de la Marne et de la Meuse, *Langres*.

Au sud de Belfort, adossée aux plateaux du Jura, la grande place de **Besançon**, défendue par des fortifications anciennes.

Aucune de ces forteresses n'était protégée par des forts détachés contre un bombardement.

LA CHARGE DES CUIRASSIERS, A MORSBRONN

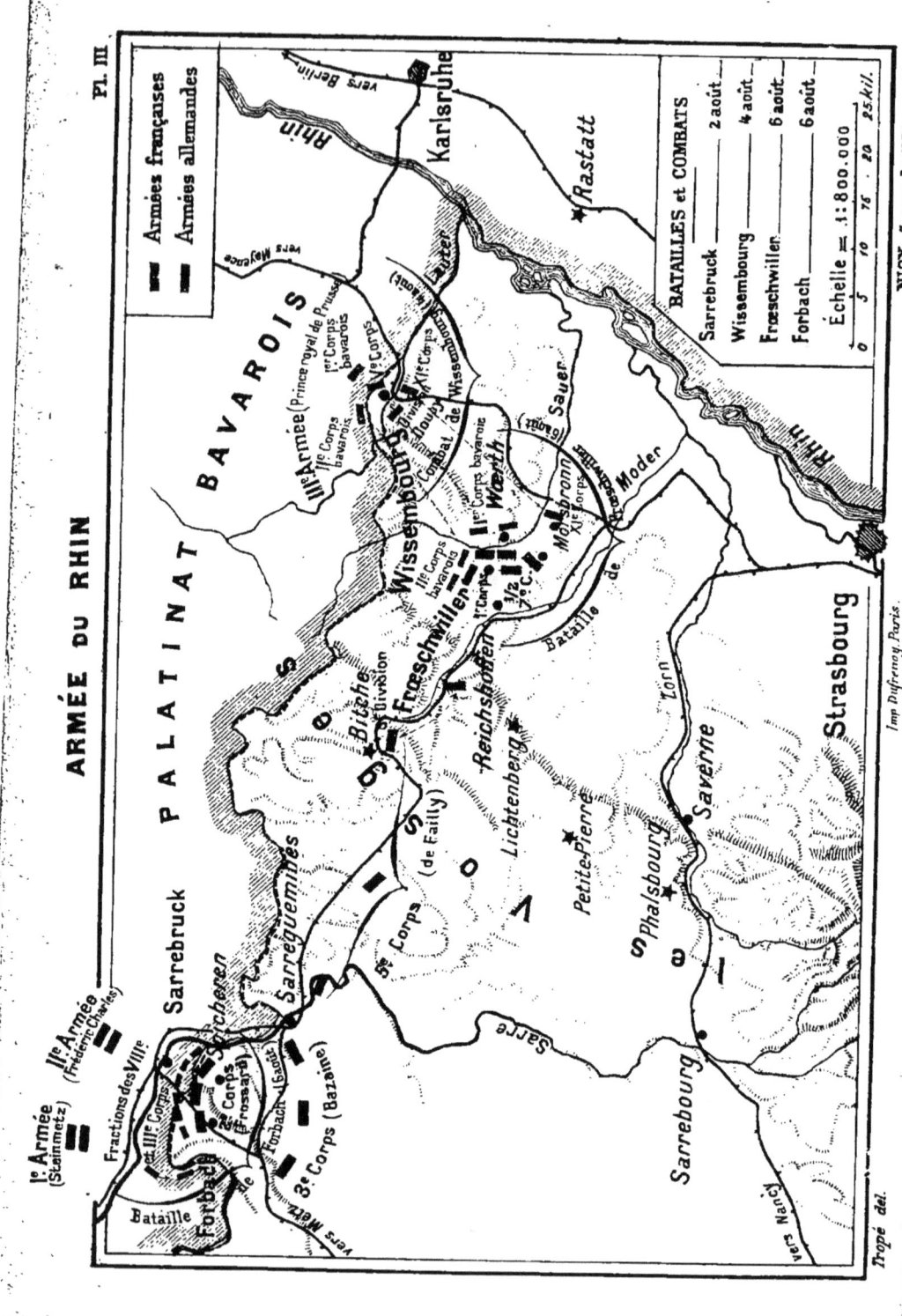

II

ARMÉE DU RHIN

Le 31 juillet, la concentration des forces allemandes était terminée. — Des pointes hardies d'officiers de cavalerie pénétrèrent fort loin en Alsace, afin de se rendre compte de nos formations. Leur audace causait une grande émotion.

Bien que l'armée française ne fût pas encore prête, l'Empereur voulut qu'elle prît l'offensive la première.

Combat de Sarrebruck (2 août). — Deux divisions du 2e corps reçurent l'ordre d'attaquer un poste avancé, (un régiment d'infanterie, trois escadrons, deux batteries), que les Allemands avaient à Sarrebruck, près de la frontière.

Ce combat, sans utilité, coûta, de part et d'autre, une quinzaine d'hommes tués et une soixantaine de blessés.

Ce fut la première rencontre.

En Alsace.

WISSEMBOURG (4 AOÛT) — FRŒSCHWILLER (6 AOÛT)

Combat de Wissembourg (4 août). — La division Abel Douay, du 1er corps, était en pointe avancée à Wissembourg. Les reconnaissances, mal faites, l'avaient laissée dans l'ignorance des dispositions de l'ennemi, dont les partisans signalaient cependant l'approche.

Le 4 août, cette division fut attaquée, à l'improviste, par la IIIe Armée allemande (Prince royal). Elle résista avec acharnement, 5000 hommes contre 40 000. Le général Douay fut tué.

Il y eut, de chaque côté, 1200 à 1500 hommes hors de combat.

La division se replia sur le corps de Mac-Mahon.

Bataille de Frœschwiller [1] (6 août). — Après le combat de Wissembourg, la IIIe Armée allemande continua sa marche en avant.

Le maréchal de Mac-Mahon prit position près des villages de Wœrth, de Frœschviller et de Reichshoffen.

L'avant-garde allemande attaqua le 6 août et, bien qu'il ne fût pas dans les intentions du Prince royal de livrer bataille ce jour-là, toute son armée se déploya dès qu'elle entendit le canon. Les Allemands avaient 126 000 hommes et 300 pièces contre 46 000 Français et 120 canons.

Le combat fut opiniâtre; des régiments entiers se firent écraser sans reculer; l'artillerie montra un superbe courage : elle perdit 28 pièces sous le feu; mais la supériorité du nombre était trop grande.

Pour dégager l'aile droite qui était débordée, la brigade de cavalerie Michel reçut l'ordre de charger.

---

1. Les Allemands appellent cette bataille *bataille de Wœrth*. Le nom de *bataille de Reichshoffen*, qui lui a été souvent donné en France, est inexact, car on ne s'est pas battu à Reichshoffen même.

Le 8ᵉ et le 9ᵉ cuirassiers, et deux escadrons du 6ᵉ lanciers, se lancèrent à la charge contre l'infanterie ennemie, à travers les houblonnières.

On cultive le houblon en le faisant monter le long de grandes perches; les chevaux s'embarrassaient dans ces perches. Cependant la charge passa comme un ouragan et vint s'engouffrer dans le village de *Morsbronn*, dont les rues étaient barricadées. « Semblable au bruit de la grêle, le son des balles résonnait sur les armures »[1]. Les cuirassiers furent anéantis; un très petit nombre se rallièrent; beaucoup furent tués; le reste démonté et fait prisonnier.

Cette charge est restée comme l'exemple du plus héroïque dévouement et de la plus magnifique intrépidité.

Vers la fin de la journée, la division de cuirassiers de Bonnemains fournit une autre charge désespérée, vers l'aile gauche. Elle fut décimée avant d'atteindre les lignes ennemies.

La cavalerie française s'enorgueillit avec raison de ces faits d'armes qui témoignent de son dévouement et de sa valeur, mais le résultat n'a pas été en rapport avec le sacrifice. Cependant, quelques fractions d'infanterie réussirent à se dégager du combat.

Dans cette journée, les Français perdirent 4000 prisonniers et 8000 tués ou blessés. Les Allemands eurent plus de 10 000 hommes tués ou blessés[2].

Les Allemands étaient épuisés; ils laissèrent l'armée française se retirer sans l'inquiéter. Le maréchal de Mac-Mahon hâta sa marche, passa les Vosges, puis la Moselle, et ses troupes furent ensuite transportées par chemin de fer au camp de Châlons, où elles se réorganisèrent.

---

1. Général Bonie, *La cavalerie en 1870*.
2. Il est très difficile de donner des chiffres exacts pour les pertes. Le lendemain d'un combat, on porte comme *disparus* et l'on considère souvent comme tués ou prisonniers des hommes qui se sont dispersés, et qui rejoignent plus tard.

En Lorraine.

Forbach (6 août).

Combat de Forbach (ou de Spicheren), 6 août. — Le jour même où se livrait la bataille de Frœschviller, les Ire et IIe Armées allemandes attaquèrent, au sud de Sarrebruck, les hauteurs de *Forbach* et de *Spicheren*, défendues par le 2e corps français (général Frossard). Le combat dura jusqu'à la nuit, 30 000 hommes contre 70 000. Le général Frossard ne fut pas soutenu par les corps voisins et dut céder le terrain.

De chaque côté, il y eut 4 à 5 000 hommes hors de combat, dont environ le quart tués.

Le lendemain, 7 août, l'empereur donna l'ordre de se replier dans la direction de Metz.

Ces combats malheureux affectaient péniblement l'armée; cependant elle comptait prendre bientôt une revanche. Elle se rassurait en disant que les renseignements sur l'ennemi avaient été inexacts, qu'il y avait eu surprise, que certains ordres avaient été mal donnés ou mal exécutés, que les Allemands avaient toujours eu la supériorité du nombre; mais des troupes de renfort allaient arriver et la situation se modifierait certainement.

L'Empereur remit le commandement au maréchal Bazaine [1], en qui l'armée avait confiance; tout le monde espérait que le nouveau commandant en chef réparerait rapidement les premiers insuccès.

---

1. Le maréchal Bazaine avait commandé en chef le corps expéditionnaire du Mexique. Depuis son retour, en 1867, il était resté dans une sorte de disgrâce. L'Empereur, peu satisfait de la conduite du maréchal au Mexique, avait défendu qu'on lui rendît les honneurs militaires à son retour en France. Le maréchal en avait été très aigri

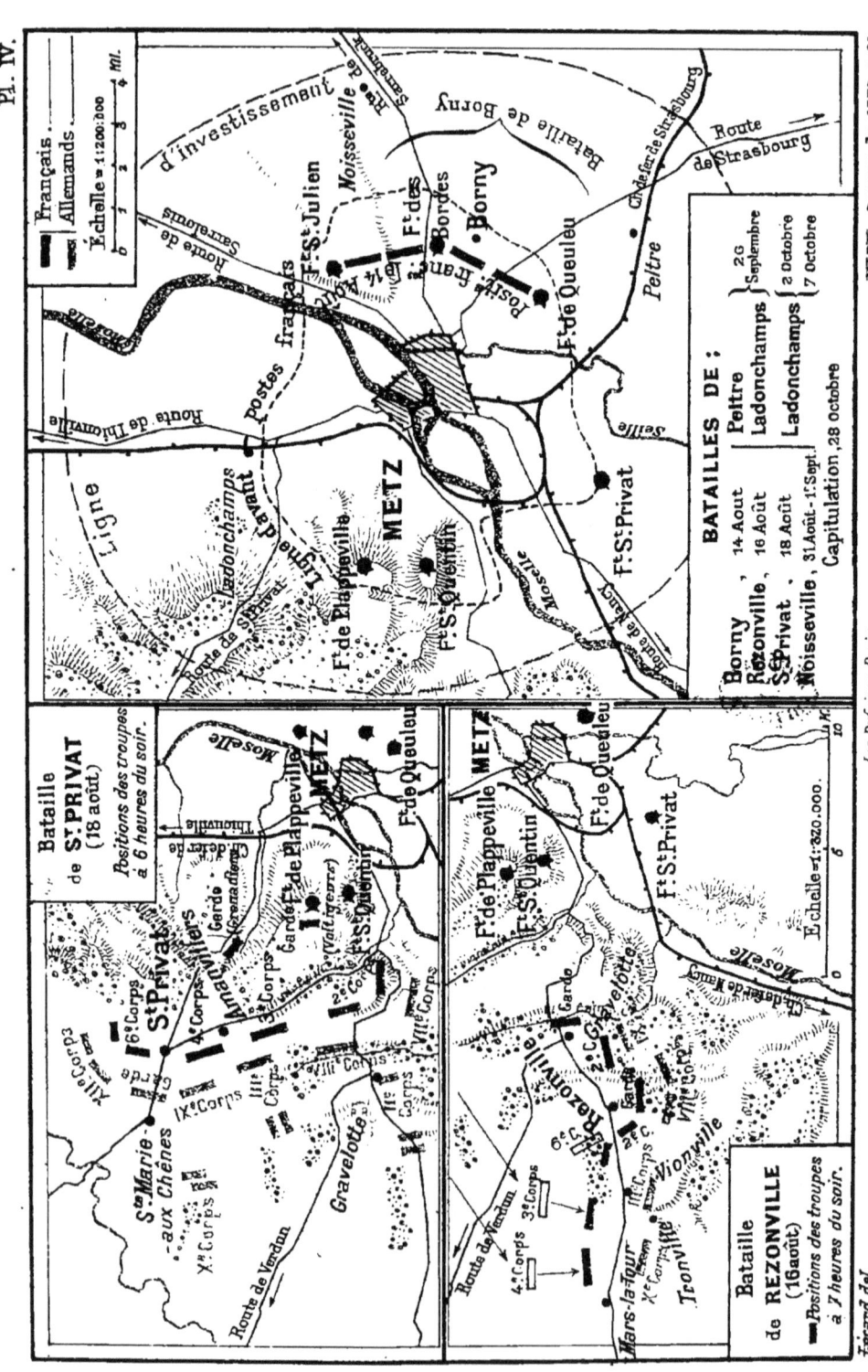

BATAILLES AUTOUR DE METZ

Borny (14 août) — Rezonville (16 août)
Saint-Privat (18 août)

Le maréchal Bazaine avait sous ses ordres :

Le 2ᵉ corps (Frossard) ;

Le 3ᵉ corps (ancien corps Bazaine, qui fut successivement commandé par le général Decaen, mortellement blessé le 14 août, puis par le maréchal Lebœuf) ;

Le 4ᵉ corps (Ladmirault) ;

Une brigade du 5ᵉ corps (Lapasset) ; le reste de ce corps avait été entraîné dans la retraite du maréchal de Mac-Mahon ;

Le 6ᵉ corps (Canrobert), qui venait d'arriver du camp de Châlons et de Paris ;

La Garde impériale (Bourbaki).

L'effectif total s'élevait à environ 200 000 hommes. C'étaient les meilleures troupes de la France.

Le maréchal Bazaine manifesta d'abord l'intention de se retirer sur Verdun, pour se réunir à l'armée qui se réorganisait au camp de Châlons, avec le maréchal de Mac-Mahon. Les ordres furent donnés en conséquence, mais le mouvement se fit avec beaucoup de lenteur, et les Allemands ne laissèrent pas le temps de l'effectuer.

---

et il était devenu le centre d'une opposition politique qui groupait les mécontents d'opinion républicaine.

Plus tard, il fut cependant nommé au commandement de la Garde impériale, et, ensuite, pour l'éloigner de Paris, à un grand commandement, à Nancy. Ses relations avec l'Empereur étaient très froides. Ce fut une des raisons pour lesquelles, dans les circonstances actuelles, alors que l'Empereur était rendu responsable de tous les malheurs, le maréchal profita d'une certaine popularité. Le Corps législatif et les ministres, d'accord avec l'opinion publique, avaient demandé que le commandement en chef lui fût donné.

Bataille de Borny (14 août). — Le 14 août, en arrivant près de Metz, les avant-gardes allemandes, s'étant rendu compte du mouvement de retraite de l'armée française, essayèrent de l'arrêter en attaquant, vers quatre heures du soir, les troupes du 3ᵉ corps restées encore en position près de *Borny*, sur la rive droite de la Moselle. Aussitôt, le 4ᵉ corps, qui avait déjà descendu les pentes vers la rivière, fit demi-tour et, avec une ardeur joyeuse, accourut au pas de charge. Les Allemands amenèrent successivement 70 000 hommes en ligne; du côté français, 50 000 hommes furent engagés. Après une lutte acharnée, le champ de bataille nous resta, mais ce combat eut pour conséquence de retarder de deux jours la marche de l'armée vers la Meuse.

La bataille de Borny coûta aux Français environ 3000 hommes dont 500 morts; aux Allemands, 5000 hommes dont 1200 morts [1].

Le mouvement sur Verdun fut repris le 15 août, mais si mal réglé que, ce jour-là, les têtes de colonnes n'arrivèrent qu'à *Rezonville* et à *Vionville*, à 10 kilomètres de Metz.

Bataille de Rezonville [2] (16 août). — Le 16 août, au matin, l'armée française était ainsi disposée :

Le 2ᵉ et le 6ᵉ corps près de Rezonville;

La Garde à Gravelotte;

En avant du front, une division de cavalerie;

Beaucoup plus à droite, le 3ᵉ et le 4ᵉ corps, dont le mouvement avait été retardé par le combat du 14.

Le 16 au matin, l'empereur Napoléon III continua sa route sur Verdun avant que la bataille fût engagée.

Quelques troupes allemandes commençaient à franchir la Moselle en amont de Metz.

---

1. Le général Decaen, commandant le 3ᵉ corps, fut mortellement blessé, et le maréchal Bazaine, contusionné par un éclat d'obus.

2. Appelée aussi, par les Allemands, bataille de *Mars-la-Tour*.

L'armée française avait conservé les habitudes d'Afrique; elle campait sous les petites tentes-abris, ne s'éclairait pas au loin, et les avant-postes étaient à très petite distance.

La division de cavalerie, placée en première ligne, ne se tenait pas sur ses gardes. Vers neuf heures du matin, des obus tombèrent dans son camp; il en résulta une grande confusion. De nombreux chevaux échappés traversèrent au galop les bivouacs de l'infanterie, mais le désordre ne se propagea pas; les troupes se formèrent rapidement et l'artillerie répondit au feu de l'ennemi.

L'action s'engagea à la gauche française; elle s'étendit de la gauche à la droite, à mesure que de nouvelles troupes arrivaient en ligne; la lutte dura toute la journée, et, de part et d'autre, avec une extrême ténacité.

L'ensemble du mouvement des Allemands était une grande conversion, l'aile droite formant le pivot. L'armée française fit un mouvement de conversion semblable sur son aile gauche. Les Allemands voulaient couper la route de Verdun et cherchaient à s'étendre par leur gauche vers le nord. L'armée française, de son côté, s'étendit par sa droite. A la fin de la journée, les deux armées étaient séparées par la route même de Verdun.

Le combat d'infanterie et d'artillerie se développa sur une ligne très étendue, de Rezonville à Mars-la-Tour. Il fut sanglant, sans donner de résultat décisif sur aucun point.

A gauche, le 2ᵉ corps souffrit beaucoup, il fut remplacé par une partie de la Garde [1].

Au centre, le 6ᵉ corps maintint ses positions.

A droite, le 3ᵉ corps, puis le 4ᵉ entrèrent successivement en action. Vers cinq heures du soir, la division de Cissey

---

[1]. A un certain moment, une charge de cavalerie allemande arriva à l'improviste sur l'état-major même du maréchal Bazaine, qui fut dispersé. Le maréchal dut mettre l'épée à la main et un officier allemand galopa quelque temps près de lui sans se douter de l'importance de la prise qu'il était à même de faire.

LA CHARGE DE MARS-LA-TOUR

(4ᵉ corps), qui arrivait sur le champ de bataille après une marche forcée, heurta la brigade allemande de Wedell, harassée, elle aussi, par une longue marche. Les infanteries se joignirent à la baïonnette. Sur un effectif de 4500 hommes, les Allemands laissèrent, en quelques instants, sur le terrain, 72 officiers et 2500 hommes, dont 300 prisonniers.

Leur situation était critique; les dragons de la garde royale prussienne s'élancèrent pour dégager l'infanterie et, semant leurs morts sur le terrain, ils traversèrent la première ligne française.

Une grande partie des régiments de cavalerie des deux armées se trouvait, en ce moment, du côté des ailes marchantes. Vers sept heures du soir, ils s'abordèrent près de Tronville [1]; 5000 cavaliers s'y chargèrent avec furie, dans une terrible mêlée.

A la nuit tombante, les deux lignes adverses étaient parallèles l'une à l'autre; la gauche française à Rezonville, la droite en face de Mars-la-Tour. Le combat ne prit fin que vers dix heures du soir. Les troupes bivouaquèrent sur le champ de bataille.

Les pertes étaient considérables des deux côtés. Aucun des deux adversaires ne pouvait s'attribuer la victoire; mais, en réalité, les Allemands avaient atteint leur but, qui était d'empêcher l'armée française de continuer sa marche sur Verdun.

L'effectif des combattants a été estimé à 95 000 hommes pour les Allemands, 135 000 pour les Français.

Les Allemands eurent 16 000 hommes hors de combat, dont 4500 tués.

Les pertes des Français s'élevèrent à peu près au même chiffre, dont 1400 tués et 5000 disparus [2].

---

1. Le général de division Legrand fut tué en tête de la charge.
2. L'artillerie allemande a tiré près de 20 000 coups de canon; c'est une moyenne de plus de 88 coups par pièce.

Ce fut la bataille la plus sanglante de la guerre.

Le lendemain, toutes les troupes étant en ligne, les deux adversaires s'attendaient à recommencer la bataille, et un insuccès aurait été grave pour les Allemands, qui avaient la Moselle à dos, mais le maréchal Bazaine donna l'ordre de se replier sur Metz sous prétexte de se ravitailler.

Abandonner ainsi le terrain, c'était, en quelque sorte, s'avouer vaincu.

Après une bataille, les parcs doivent amener les munitions aux combattants et ceux-ci ne doivent jamais se porter en arrière pour aller les chercher.

L'armée en éprouva une grande tristesse et se demanda, dès ce moment, si la confiance mise dans le maréchal Bazaine était justifiée.

Le 17 au soir, l'armée française faisait face vers l'ouest :

Le 2ᵉ corps à gauche, en face de Gravelotte ;
Le 3ᵉ corps, à la droite du 2ᵉ ;
Le 4ᵉ corps, à Amanvillers ;
Le 6ᵉ corps, à Saint-Privat.

Derrière la gauche, était la division de voltigeurs de la Garde ; derrière la droite, la division de grenadiers.

Bataille de Saint-Privat (18 août). — Le 18, au matin, les Allemands attaquèrent par leur droite et, comme le 16, le combat s'étendit successivement de leur droite à leur gauche. Les Français ne manœuvrèrent pas ; ils attendirent l'attaque.

Les positions étaient d'ailleurs très fortes ; à notre aile gauche, elles avaient été renforcées par des tranchées-abris. De ce côté, les attaques des Allemands ne réussirent pas ; les contre-attaques des Français leur firent subir, au contraire de grandes pertes et les contraignirent à reculer.

A notre aile droite, à Saint-Privat, où commandait le

maréchal Canrobert, l'artillerie était insuffisante et les munitions manquaient ; les voitures envoyées à Metz pour les chercher, n'étaient pas revenues.

Saint-Privat est sur un dos de terrain, en avant duquel descend un long glacis que les balles d'infanterie balayaient. La Garde prussienne s'empara de Sainte-Marie-aux-Chênes ; vers cinq heures elle attaqua Saint-Privat de front. Elle fut écrasée sous le feu de mousqueterie. En une demi-heure, 6000 morts et blessés couvrirent le champ de bataille. Presque tous les officiers supérieurs tombèrent.

Vers sept heures du soir, après une longue marche, le XIIe corps (saxon) arriva sur notre flanc droit. Le village de Saint-Privat était en flammes ; la résistance ne pouvait plus s'y prolonger. L'ennemi l'enleva après un dernier assaut sanglant.

A huit heures du soir, le 6e corps se retira sur Metz ; un peu plus tard, le 4e corps dut abandonner Amanvillers ; les autres troupes conservèrent leurs positions.

Pendant toute la journée, la division de grenadiers et l'artillerie de la Garde étaient restées immobiles à quelques kilomètres derrière Amanvillers, sans prendre part au combat.

Le maréchal Bazaine, qui se tenait au fort Saint-Quentin, ne voyait la bataille qu'à son aile gauche ; il ne se rendit pas compte de ce qui se passait à son aile droite et n'envoya pas d'ordres. Mais était-il nécessaire d'avoir des ordres pour marcher au canon[1] ?

A Forbach, à Frœschwiller, à Borny, la bataille fut engagée sans ordre par les avant-gardes allemandes, et aussitôt qu'elles avaient entendu le canon, toutes les autres troupes s'étaient hâtées. Il n'en fut malheureusement pas de même dans l'armée française.

---

1. Les règlements disent formellement, aujourd'hui, qu'à moins d'ordres positifs contraires, toute troupe doit marcher à l'ennemi, lorsqu'elle entend le bruit du combat. (*Service en campagne*.)

Si, vers cinq heures du soir, la division de grenadiers avait donné à Saint-Privat, comme le maréchal Canrobert le demandait, la Garde prussienne, déjà décimée, eût été anéantie; le XII⁰ corps se trouvait coupé du reste de l'armée allemande; la défaite de l'aile gauche ennemie entraînait celle de l'aile droite. L'armée française, exaltée par sa victoire, poussait les Allemands et les jetait dans la Moselle.

De toute la guerre, aucune heure ne fut plus solennelle.

Que serait-il advenu ensuite? — Les destinées de la France eussent peut-être été changées!

A la bataille de Saint-Privat, environ 180 000 Allemands combattirent contre 120 000 Français.

Les Allemands perdirent 900 officiers et 20 000 hommes, dont plus de 5000 tués; les Français, 13 000 hommes, dont 1 200 tués et 6 000 disparus.

Le lendemain, 19 août, les corps, qui avaient conservé leurs positions à l'aile gauche, reçurent l'ordre de se replier également sous Metz. Le maréchal Bazaine s'y laissa investir.

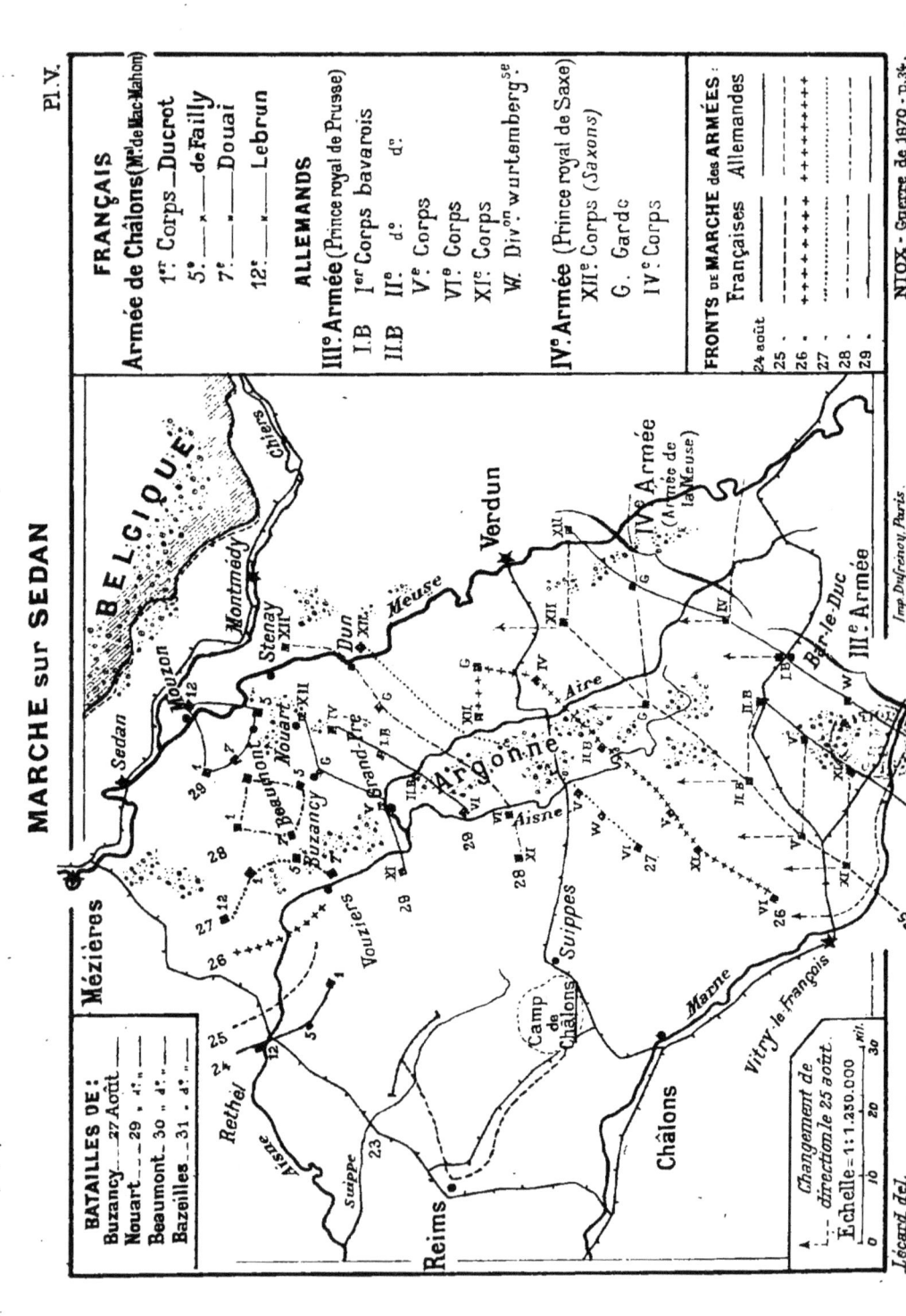

III

SEDAN — METZ

Marche sur Sedan. — Pendant que ces événements se passaient autour de Metz, la IIIe Armée allemande (Prince royal) avait continué sa marche vers le camp de Châlons, où s'organisait, sous le commandement du maréchal de Mac-Mahon, une nouvelle armée française qui fut appelée, dans la suite : *Armée de Châlons*.

Le prince Frédéric-Charles resta devant Metz avec la Ire et la IIe Armée.

Une IVe Armée (*Armée de la Meuse*), formée avec la Garde prussienne, le IVe corps et le XIIe corps, sous les ordres du prince royal de Saxe, se dirigea aussi sur Châlons ; le roi Guillaume marchait avec elle.

La cavalerie allemande arriva, le 24 août, au camp de Châlons ; elle n'y trouva plus personne, et ne put savoir quelle direction avait prise l'armée du maréchal de Mac-Mahon.

Lorsque la nouvelle des batailles livrées sous Metz parvint au maréchal de Mac-Mahon, il jugea impossible de tenir la campagne, contre un ennemi très supérieur en nombre, avec des troupes incomplètement organisées. Il voulut se retirer sur Paris ; mais les ministres redoutaient que le retour de l'Empereur ne fût l'occasion de troubles. Au même moment, arriva une lettre du maréchal Bazaine qui exprimait l'intention de sortir de Metz dans la direction du nord. Ainsi sollicité, le maréchal de Mac-Mahon se décida, contre son gré, à marcher aussi vers le nord, afin de passer la Meuse au-dessous de Verdun, et de chercher à se réunir au maréchal Bazaine; mais ces hésitations avaient fait perdre un temps précieux. L'Armée de Châlons ne commença son mouvement que le 23.

Jusqu'au 26, les Allemands n'eurent aucun renseignement certain sur sa situation. Un journal saisi à la poste leur donna les premiers indices.

Les journaux français, avides d'informations, publiaient tout ce qu'ils apprenaient sur les opérations des armées; ils renseignaient ainsi l'ennemi, tandis que les journaux allemands étaient attentifs à ne rien dire de nuisible à leurs intérêts.

La cavalerie allemande fut lancée à la découverte. Le 26, ses reconnaissances annoncèrent la présence de l'armée française du côté de Vouziers et de Grand-Pré. Aussitôt les ordres furent donnés en conséquence.

Un mouvement de conversion générale avait déjà commencé le 26; le 27, toutes les colonnes firent franchement par le flanc droit [1].

Ainsi donc, les corps d'armée allemands marchaient du sud au nord ayant pour point de direction la Meuse du côté de Beaumont; les corps français marchaient de l'ouest à l'est et avaient également pour point de direction Beau-

---

1. Les gens du pays racontent qu'un soir, en arrivant sur une hauteur qui domine le village de Nouart, les cavaliers allemands, harassés par la fatigue de ces journées de marche forcée, poussèrent soudain de bruyants hourras; ils venaient d'apercevoir à l'horizon la longue ligne de feux des bivouacs qui décelaient les positions de l'armée française. C'était une regrettable coutume prise dans les guerres d'Afrique et qui ne convenait pas à la guerre actuelle. Lorsque les troupes bivouaquent, des précautions doivent être prises pour que les feux ne soient pas vus de l'ennemi.

mont et Stenay. Il s'agissait pour eux de forcer de vitesse et de ne pas être rejoints par l'ennemi avant d'avoir fait leur jonction avec l'Armée de Metz, afin de livrer bataille, toutes les forces réunies, entre Metz, Verdun et Montmédy.

L'Armée du maréchal de Mac-Mahon était formée du 1er corps (Ducrot), du 5e corps (de Failly), du 7e corps (Douay), du 12e corps (Lebrun) [1].

L'Empereur marchait avec cette Armée, mais il n'y exerçait aucun commandement. Sur les instances de l'Impératrice et du Conseil des ministres, il avait renoncé à rentrer à Paris où la révolution grondante était sur le point d'éclater. Souverain sans pouvoir et sans autorité, déjà moralement déchu, il suivait tristement et inutilement les troupes, comme un condamné son cortège funèbre. Cette attitude ajoutait à la tristesse des circonstances et impressionnait péniblement.

L'armée allemande qui manœuvrait contre l'armée française et allait l'envelopper, puis la détruire à Sedan, était commandée par le roi Guillaume, assisté du général de Moltke. Officiers et soldats étaient enorgueillis par les victoires récentes; ils sentaient la main intelligente et vigoureuse de leurs chefs et avaient en eux une confiance énergique. Cette armée comprenait :

La IIIe Armée, forte de cinq corps (Ier et IIe corps bavarois, IVe, Ve et VIe corps), sous les ordres du Prince royal de Prusse; environ 160 000 hommes;

---

[1]. Le 1er et le 5e corps avaient été ramenés à Châlons après la bataille de Frœschwiller; le 7e corps avait été rappelé de Belfort; le 12e corps était un corps de nouvelle formation; il comprenait les troupes d'infanterie de marine.

Les corps qui devaient prendre les numéros 8, 9, 10, et 11, ne furent jamais formés.

La IVᵉ Armée, ou Armée de la Meuse, forte de trois corps (Garde prussienne, XIIᵉ corps, IVᵉ corps), sous les ordres du Prince royal de Saxe ; environ 90 000 hommes.

Le croquis (Pl. V) indique les fronts de marche des armées pendant les journées du 24 au 29 août. Il montre avec quelle rapidité et avec quelle décision les Allemands changèrent leur direction de marche et se portèrent vers le nord, tandis que l'armée française, qui avait beaucoup moins de chemin à parcourir et dont la manœuvre ne pouvait réussir que si elle était menée rapidement, se traînait avec une lenteur déplorable et finit par être atteinte avant d'avoir passé la Meuse.

Le 27 août, il y eut un combat de cavalerie, à **Busancy**.

Le 29 août, le 5ᵉ corps français, qui était à la droite, eut à **Nouart** un engagement avec le XIIᵉ corps saxon. Ce combat, d'ailleurs sans grande importance, retarda encore la marche.

Le 5ᵉ corps arriva dans la nuit à **Beaumont** ; il campa. Les troupes étaient très fatiguées ; aucune mesure de sécurité ne fut prise malgré la proximité de l'ennemi. Les Allemands, se dissimulant dans les bois, purent faire, à leur aise, tous leurs préparatifs.

Cette insouciance du service de sûreté, alors que l'ennemi se trouvait à peu de distance, puisqu'on s'était battu la veille, est inexplicable.

Service de sûreté négligé, renseignements inexacts, reconnaissances de cavalerie insuffisantes, ces fautes avaient pour conséquence de laisser les généraux dans l'ignorance des forces, des positions, des marches de l'ennemi. Elles ont été constamment commises en 1870 ; déjà signalées à Wissembourg, à Forbach, à Frœschviller, à Rezonville, à Saint-Privat, elles se répéteront fréquemment et l'on verra, encore bien souvent, dans la suite de la guerre, les combats commencer par des surprises.

Ces négligences tiennent, en partie, à notre tempérament. Nos précautions sont trop souvent mal prises. Il faut s'efforcer de corriger ces défauts par une attentive et sévère instruction en temps de paix.

Bataille de Beaumont (30 août). — Les troupes du 5ᵉ corps étaient donc au repos sans être protégées, bien que des gens de la campagne eussent prévenu de la présence de l'ennemi qui se massait dans les bois voisins; les soldats s'occupaient, en toute insouciance du danger, aux divers travaux du camp. Vers midi et demi, l'artillerie allemande tira les premiers coups de canon à moins de 1000 mètres. Malgré la surprise, il n'y eut pas de panique; les troupes se rassemblèrent en ordre, et lorsque l'attaque de l'infanterie ennemie se dessina, elles firent un vigoureux retour offensif.

Après un combat de deux heures, elles abandonnèrent *Beaumont*; la bataille s'étendit jusqu'à *Mouzon* [1]. Le soir, toute l'armée française était passée sur la rive droite de la Meuse, en assez grande confusion [2].

Les Français eurent 4800 hommes hors de combat; les Allemands 3500.

La bataille de Beaumont décida le maréchal de Mac-Mahon à renoncer à sa marche vers l'est; il donna l'ordre à tous

---

1. Le 5ᵉ cuirassiers eut la mission de défendre les abords de Mouzon. Il s'y dévoua par une charge à fond, qui coûta 3 officiers supérieurs tués, dont le colonel de Contenson, 7 officiers tués ou blessés, 100 hommes hors de combat.

2. Un détachement de 200 hommes du 88ᵉ, commandé par le lieutenant-colonel Demange, s'était maintenu dans une ferme isolée; il y passa la nuit et, le 31 au matin, se fit jour à travers l'ennemi pour atteindre le pont de Mouzon. — 90 hommes passèrent; le reste fut tué ou pris.

les corps d'armée de se rassembler vers Sedan. Les Allemands le suivirent aussitôt.

Les circonstances étaient graves. Peut-être, en hâtant le mouvement dans la direction de Mézières, le maréchal aurait-il pu éviter la bataille qu'il allait être contraint de livrer adossé à la frontière belge, dans des conditions défavorables; mais il ne paraissait pas se rendre compte du péril et il s'arrêta, au contraire, pour donner un peu de repos à ses troupes. Une catastrophe était dès lors inévitable.

Combat de Bazeilles (31 août). — Le 31 août, le 1er corps bavarois réussit à passer la Meuse à Bazeilles, au moment où le pont du chemin de fer allait être détruit. Un premier combat très vif s'engagea sur ce point, mais il ne fut pas continué. Les Bavarois se contentèrent de conserver le pont de la Meuse.

BATAILLE DE SEDAN

Le 1er septembre, la bataille commença vers quatre heures du matin. Les effectifs des deux armées en présence étaient d'environ 124 000 hommes pour l'armée française et plus de 200 000 hommes pour l'armée allemande.

Le terrain, qui allait devenir le théâtre de cette lutte suprême, a la forme d'un triangle dont le sommet est marqué, au nord par le calvaire d'Illy, et la base par la Meuse, sur laquelle est située la ville de Sedan, entourée de vieilles fortifications. Les deux autres côtés sont indiqués par deux ravins qui ont leur tête au calvaire d'Illy et qui descendent vers la Meuse, l'un le ravin de Givonne en amont, l'autre le ravin de Floing, en aval de Sedan.

L'armée française était ainsi placée : le 12e corps, à

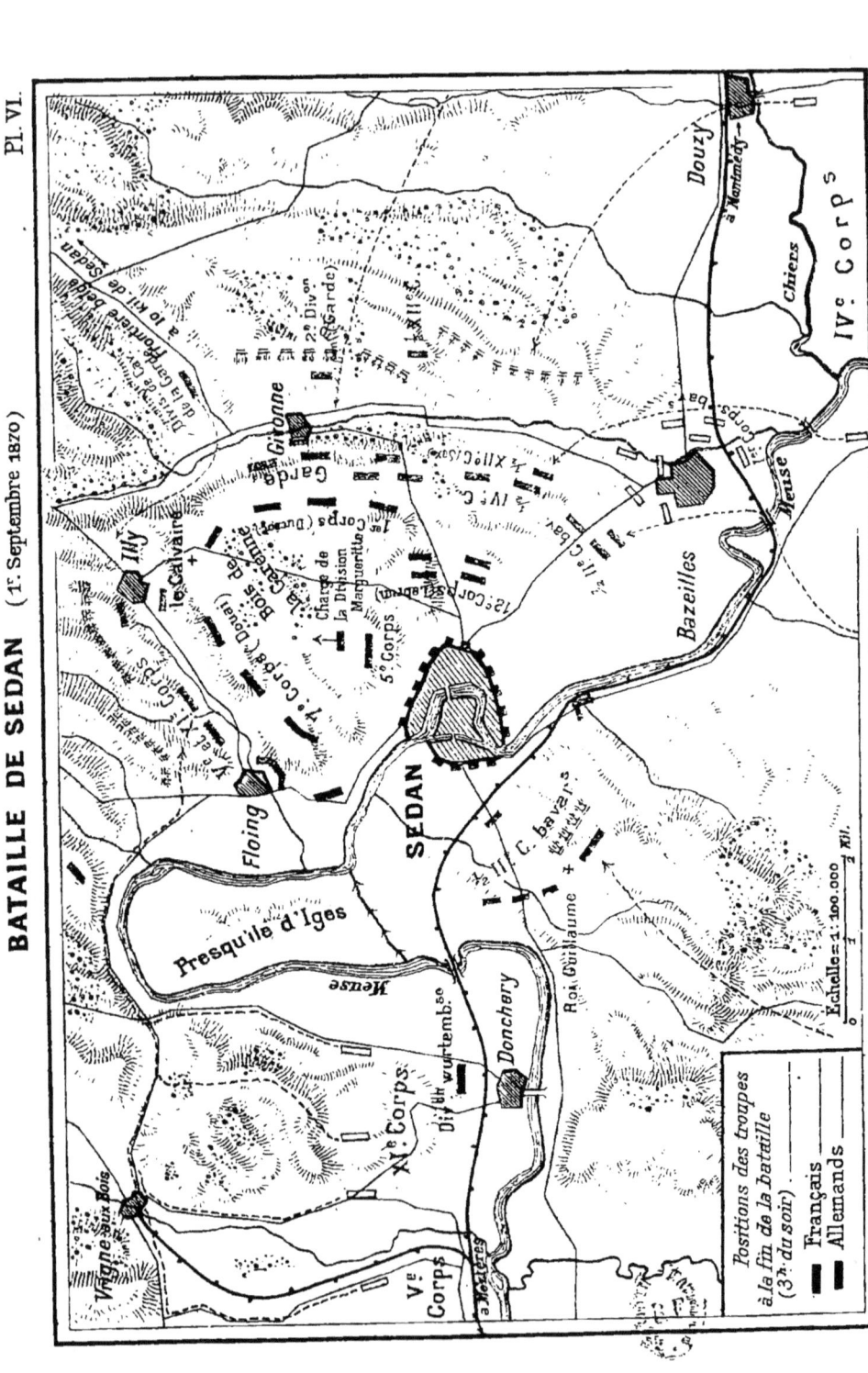

Bazeilles; le 1er corps, sur les hauteurs de Givonne; le 7e corps, faisant face à l'est, du côté de Floing; le 5e corps en réserve. Elle se tassait dans un espace très étroit où il lui était impossible de manœuvrer et de se déployer. Elle paraissait vouloir s'accrocher à Sedan, où elle ne pouvait cependant trouver aucune protection.

Les dispositions suivantes furent ordonnées par l'état-major allemand :

Le IIe corps bavarois resta sur la rive gauche pour s'opposer, le cas échéant, à un effort de l'armée française dans la direction du sud;

Le Ier corps bavarois dut attaquer Bazeilles;

Le XIIe corps (saxon) et la Garde devaient passer la Meuse au-dessus de Sedan et barrer les routes à l'est;

Le Ve corps et le XIe corps reçurent l'ordre de passer la Meuse au-dessous de la ville et de barrer les routes à l'ouest;

Le IVe corps devait suivre le mouvement du XIIe corps.

Le VIe corps était encore à une assez grande distance en arrière.

Le commandant en chef de l'Armée de la Meuse fit déposer les sacs pour accélérer la marche.

Les Bavarois attaquèrent Bazeilles, héroïquement défendu par l'infanterie de marine. Vers dix heures les défenseurs cédèrent devant le nombre et devant les incendies allumés par l'ennemi; une poignée de braves soldats, sous les ordres du commandant Lambert[1], prolongea la résistance jusqu'à ses plus extrêmes limites.

A midi, Bazeilles était en flammes. Les Bavarois se déshonorèrent par des cruautés inexcusables. Dans leur

---

1. Un célèbre tableau du peintre de Neuville : *Les dernières cartouches*, a popularisé cette héroïque défense.

L'infanterie de marine perdit 32 officiers tués, dont 5 officiers supérieurs. 3 officiers furent fusillés après le combat.

rage, ils fusillèrent des prisonniers et massacrèrent les habitants qui avaient concouru à la défense.

Les Allemands perdirent près de 4000 hommes devant Bazeilles. C'est presque la moitié de leurs pertes totales de la journée. Cet épisode prouve ce que vaut une troupe énergique et bien commandée.

Malheureusement, sur les autres points du champ de bataille, les succès de l'ennemi furent plus rapides.

Le maréchal de Mac-Mahon, blessé vers six heures du matin, avait remis le commandement au général Ducrot; celui-ci prit aussitôt ses dispositions pour battre en retraite vers Mézières; mais, peu après, le général de Wimpffen montra une lettre du Ministre de la guerre qui le désignait pour remplacer le maréchal, le cas échéant.

Il n'était pas neuf heures du matin et le commandement de l'armée française avait déjà changé trois fois de mains.

Le maréchal de Mac-Mahon avait accepté la bataille sans plan déterminé; le général Ducrot, jugeant la situation très grave, voulait tenter de dégager l'armée par une retraite rapide vers l'est; le général de Wimpffen, se faisant les plus étonnantes illusions, contremanda les ordres et prétendait à la victoire.

Cependant, les différents corps de l'armée allemande exécutaient, conformément à leurs instructions, un mouvement enveloppant pour cerner l'armée française.

Vers midi, l'artillerie et la cavalerie des deux ailes ont fait leur jonction. Les troupes françaises sont enfermées dans un cercle de feu qui se rétrécit sans cesse et qu'elles ne peuvent plus rompre malgré leurs efforts désespérés.

Une charge des chasseurs d'Afrique, menée avec intrépidité par le général de Gallifet, se brise sur l'infanterie ennemie du côté du ravin d'Illy.

D'instant en instant, la situation devient plus périlleuse. Le général Ducrot réunit alors au calvaire d'Illy toute

LES DERNIÈRES CARTOUCHES.

l'artillerie disponible et donne à la division de cavalerie de réserve l'ordre de charger.

Il est environ deux heures.

Malgré les plus mauvaises conditions de terrain, la cavalerie s'élance à plusieurs reprises avec un admirable dévouement[1]; elle est décimée. 800 hommes et près de 80 officiers restent sur le terrain, et les lignes ennemies, un instant rompues, se reforment.

Les Allemands ont rendu hommage à cette vaillance; leurs rapports officiels disent que, malgré l'insuccès de ses efforts, la cavalerie française est en droit de jeter un regard de légitime orgueil sur ce champ de bataille, où elle succomba glorieusement.

On a reproché, non sans raison, à notre cavalerie de ne pas avoir su faire le service d'exploration auquel son instruction ne l'avait pas préparée; mais, sur les champs de bataille, à Sedan, comme à Frœschwiller, elle ne ménagea jamais son sang.

Pendant ce temps, le général de Wimpffen, toujours dominé par l'idée de se faire jour à travers les masses ennemies, réunit 5 à 6000 hommes et les entraîne sur Bazeilles, sans pouvoir s'ouvrir un passage.

Le mouvement concentrique des Allemands s'accentue de plus en plus, les troupes françaises refluent vers Sedan, que l'artillerie ennemie couvre maintenant de ses obus.

Il est trois heures; tout espoir est perdu; l'empereur Napoléon fait hisser le drapeau blanc sur une maison de la ville.

---

1. — 1er, 3e, 4e chasseurs d'Afrique, 6e chasseurs, 4e lanciers. Le roi de Prusse, qui se tenait sur les hauteurs de la rive gauche de la Meuse, ne put, dit-on, s'empêcher de s'écrier en voyant cette charge héroïque : *Ah! les braves gens!*

Le général Margueritte, commandant la division de cavalerie, fut mortellement blessé en allant reconnaître le terrain de la charge.

Le général de Wimpffen refuse encore de se résigner et tente un dernier et infructueux effort de trouée du côté de Bazeilles.

C'est le dernier acte du drame.

L'empereur Napoléon fit porter au roi de Prusse la lettre suivante :

« *Monsieur mon frère, n'ayant pu mourir au milieu de mes troupes, il ne me reste qu'à remettre mon épée dans les mains de Votre Majesté. Je suis de Votre Majesté le bon frère.*

« NAPOLÉON. »

Le roi de Prusse répondit :

« *Monsieur mon frère, tout en regrettant les circonstances dans lesquelles nous nous rencontrons, j'accepte l'épée de Votre Majesté et je vous prie de nommer un officier muni de vos pleins pouvoirs pour négocier la capitulation de l'armée qui s'est si bravement battue sous vos ordres. De mon côté, j'ai désigné le général de Moltke à cet effet. Je suis de Votre Majesté le bon frère.*

« GUILLAUME. »

N'exerçant pas de commandement, l'empereur Napoléon ne voulut pas traiter pour l'armée.

Les Allemands ignoraient la présence de l'Empereur Napoléon à Sedan ; lorsque la nouvelle s'en répandit, leur allégresse éclata de toutes parts. Ils croyaient la guerre terminée par cette bataille.

La capitulation fut signée le lendemain matin par le général de Wimpffen. L'armée et tout son matériel (plus de 500 canons) furent livrés à l'ennemi.

La bataille de Sedan coûta 3000 hommes tués, 14 000 blessés;

100 000 prisonniers. Environ 3000 hommes s'échappèrent et passèrent en Belgique, où ils furent désarmés.

Les Allemands perdirent près de 9000 hommes, dont 2000 tués.

Il serait impossible de citer tous les traits de courage dont s'honorèrent les troupes françaises dans cette lutte désespérée. Partout les premières lignes combattirent avec la plus grande opiniâtreté; mais, dans les combats, il se produit souvent du désordre sur les derrières; il en fut ainsi à Sedan.

Tandis que les uns cherchaient à faire trouée et affrontaient bravement la mort, d'autres reculaient sur la ville comme s'ils pouvaient espérer y trouver un abri, et les projectiles ennemis tombaient au milieu de ces masses qui tournoyaient sur elles-mêmes dans la plus grande confusion.

Le lendemain, pendant que le roi Guillaume, parcourant les bivouacs, était acclamé par son armée victorieuse, l'empereur Napoléon, prisonnier de guerre, prenait le chemin de l'Allemagne.

Les troupes françaises, réunies dans une boucle de la Meuse, la presqu'île d'Iges, à laquelle fut justement donné le triste nom de *Camp de la faim*, y restèrent, du 3 au 7 septembre, sans abris, sans vivres, sous la pluie. Elles eurent à supporter les plus grandes souffrances physiques; leurs souffrances morales furent plus grandes encore.

Depuis Waterloo, la France n'avait pas vu pareil malheur; jamais l'armée française n'avait subi pareille humiliation.

BLOCUS DE METZ

Après la bataille de Saint-Privat, le maréchal Bazaine s'était retiré sous les murs de Metz. Il avait prévenu le maréchal de Mac-Mahon que, sous peu de jours, il reprendrait son mouvement dans la direction du nord, de manière à se réunir à lui, entre Thionville et Montmédy, et cet avis détermina, comme on l'a vu précédemment, la marche de l'Armée de Châlons sur Sedan.

Le 26 août, eut lieu, en effet, sur la rive droite de la Moselle, du côté de *Noisseville*, un simulacre de sortie. Pendant cette opération, le maréchal Bazaine réunit, en conseil de guerre, les commandants des corps d'armée. A cette réunion, le général commandant l'artillerie déclara que l'armée n'avait pas assez de munitions pour livrer plus d'une bataille, et les autres généraux, ainsi influencés, ne combattirent pas l'opinion du maréchal, qui était de rester à Metz.

Vers trois heures, les troupes reçurent l'ordre de rentrer dans leurs camps.

La déclaration du général commandant l'artillerie était inexacte. Il y avait à Metz plus de 100 000 obus, c'est-à-dire de quoi livrer quatre grandes batailles comme celle de Saint-Privat.

Il fut dès lors bien évident qu'aucune décision énergique ne serait jamais prise par le maréchal.

Combat de Noisseville (31 août — 1er septembre). — Cependant la nouvelle du mouvement de l'Armée de Châlons était parvenue à Metz et les troupes frémissaient de leur inaction. Le maréchal prescrivit de recommencer l'opération du 26 août.

Par suite de retards dans la marche, les troupes n'arrivèrent en position qu'à quatre heures du soir, et les Allemands eurent ainsi tout le temps d'amener des forces sur le point menacé. Le combat se prolongea pendant la nuit; il reprit le lendemain au lever du jour. A midi, le maréchal donna, comme le 26 août, l'ordre de rentrer dans les camps.

Environ 3500 hommes furent mis hors de combat de part et d'autre.

Quelques jours après, des rumeurs inquiétantes commencèrent à circuler. On disait, d'une manière vague, qu'une grande bataille avait été perdue par le maréchal de Mac-Mahon, que l'Armée de Châlons tout entière et l'empereur Napoléon étaient prisonniers, qu'une révolution avait éclaté à Paris, et que la République était proclamée.

Ce fut une stupeur générale.

Sous prétexte d'échanges, l'ennemi avait renvoyé à Metz quelques-uns des prisonniers de Sedan, et c'est eux qui apportaient ces navrantes nouvelles.

Personne ne pensait alors que Paris pourrait résister à un siège, et il ne restait plus en France aucune armée à opposer aux Allemands.

Le maréchal Bazaine se résolut à attendre les événements; persuadé qu'une solution serait prochaine, il ne prit aucune mesure pour économiser les subsistances. Le maréchal avait donné dans sa carrière maintes preuves de courage, mais il manquait de l'élévation de caractère qui permet seule à un chef d'armée de se grandir à la hauteur de circonstances difficiles. Indolent, alourdi de corps, sans activité physique ni énergie morale, il se laissait aller à une sorte de fatalisme insouciant et n'avait pas le sentiment de ce qu'exigeait, en ce moment, l'honneur militaire.

Alors commença pour l'armée une longue agonie. L'ennemi ne tenta aucune attaque; il se contenta d'établir un investissement assez étroit pour que personne ne pût entrer, ni sortir.

Comme les troupes se montraient impatientes, qu'elles manifestaient de l'inquiétude et, par moments, une certaine exaspération, le maréchal ordonnait, de temps à autre, une sortie pour leur tirer du sang comme on en tire à un malade qui a la fièvre. Ces petites opérations permettaient d'enlever, dans les villages, quelques provisions de blé et de paille. Cependant les mesures pour le rationnement n'ayant pas été arrêtées en temps utile, bien des denrées furent gaspillées. A partir du commencement d'octobre, il fallut manger les chevaux.

Si le commandant en chef s'était montré plus prévoyant, la résistance aurait pu être prolongée de plusieurs semaines; la suite du récit montrera quelles en auraient été les conséquences.

Principaux combats livrés pendant le blocus :

Le 26 septembre sur **Peltre**, au sud-est de Metz, et sur **Ladonchamps**, à l'ouest;

Le 2 octobre, le château de **Ladonchamps** fut pris une seconde fois, et conservé;

Le 7 octobre, une sortie plus sérieuse eut lieu en avant de **Ladonchamps** et 800 prisonniers enlevés à l'ennemi. Ce fut le dernier combat. Il coûta 1200 hommes tués ou blessés.

Par moments, la colère gagnait les esprits; mais, comme aucune nouvelle n'arrivait du dehors et que les opérations militaires semblaient suspendues, l'armée supposait que des négociations honorables étaient ouvertes; elle voulait espérer quand même; l'idée ne venait encore à personne que 170 000 soldats pleins de courage et d'énergie seraient réduits à capituler par famine, sans avoir livré une dernière bataille.

Cependant les vivres s'épuisaient, les rations étaient réduites à de la viande de cheval et à quelques pommes de terre. Il n'y avait plus de pain, plus de sel; cette dernière privation fut une des plus pénibles. Il ne restait plus de fourrages; des pluies continuelles transformaient les camps en bourbiers. Les chevaux tombaient mourant de faim. Les ambulances se remplissaient de malades. L'armée s'affaiblissait de jour en jour. La plus grande préoccupation était de se procurer à manger. Des centaines de soldats, sans armes, allaient, au delà des avant-postes, déterrer les pommes de terre dans les champs, et les Allemands les laissaient ordinairement faire sans les inquiéter.

Si, à ce moment, un suprême effort avait été demandé aux troupes, elles l'eussent fait, la rage au cœur. En mettant à pied les officiers et la cavalerie, et en attelant l'artillerie avec les chevaux qui restaient, il était encore possible de tenter une trouée; beaucoup auraient succombé, mais beaucoup seraient sans doute passés et l'honneur du drapeau eût du moins été sauvé.

Rien ne fut essayé. Le maréchal continuait à avoir des pourparlers quotidiens avec des parlementaires qui allaient et venaient. Les Allemands, pour l'entretenir dans ces dispositions, l'engagèrent même à envoyer des officiers s'entendre avec l'Impératrice, qui était réfugiée en Angleterre [1].

---

[1]. C'est ainsi que le général Bourbaki, commandant la Garde impériale, consentit à sortir de Metz. L'Impératrice ne se prêta d'ailleurs à aucune de ces machinations, dont le but était de maintenir le maréchal Bazaine dans son inaction, jusqu'au moment où le manque de vivres le forcerait à se rendre.

Capitulation de Metz (28 octobre). — Enfin, la dernière heure sonna et, le 28 octobre, la capitulation fut signée.

Le maréchal, craignant une mutinerie, mentit à son armée. Il fit déposer les armes dans les forts en disant qu'elles seraient rendues à la paix, qui était prochaine. Il fit porter les drapeaux à l'arsenal sous prétexte de les faire détruire.

Les armes et les drapeaux furent livrés à l'ennemi.

Quelques régiments refusèrent d'obéir; ils brûlèrent leurs drapeaux ou les déchirèrent, s'en partageant les morceaux comme des reliques.

Mais l'abattement était si général que personne ne se rendait bien compte de la honte d'une pareille capitulation. Par suite de l'habitude d'obéir sans discuter, l'armée resta disciplinée et se résigna, supposant que son sacrifice était commandé par les intérêts mêmes de la Patrie, dont son chef devait avoir le souci.

Le 29 octobre, eut lieu la reddition.

Sur les différentes avenues qui conduisent à Metz, les troupes allemandes étaient rangées en bataille; les troupes françaises, sans armes, furent amenées par leurs officiers, bien en ordre et très dignement. Les officiers rentrèrent ensuite à Metz. Au moment de la séparation, il y eut de déchirantes scènes de désespoir. Le temps était sombre; la pluie tombait par rafales; une poignante tristesse remplissait tous les cœurs. Les vainqueurs, eux-mêmes, s'en montrèrent impressionnés, et leur attitude grave et silencieuse fut un dernier hommage rendu à ces troupes vaillantes vaincues par la faim.

La capitulation livra à l'ennemi 173 000 hommes, dont 20 000 malades ou blessés, plus de 600 canons de campagne et 800 pièces de place.

7000 hommes étaient morts dans les ambulances de Metz.

Pendant le blocus, les Allemands avaient perdu environ 6000 hommes, dont 2000 morts.

On a dit que le maréchal Bazaine était un traître. Si l'on appelle trahison une entente avec l'ennemi pour favoriser ses desseins en échange d'un avantage personnel, il n'y a pas eu trahison, au sens propre du mot, car le maréchal Bazaine n'a profité d'aucun avantage personnel. Mais un chef trahit son devoir lorsqu'au lieu de combattre, il entre en pourparlers avec l'ennemi, et lorsqu'il trompe son armée pour lui imposer une capitulation déshonorante.

Quelles pouvaient être les intentions du maréchal Bazaine ?

Supposant, vraisemblablement, que la guerre ne saurait se prolonger et que le gouvernement révolutionnaire installé à Paris ne serait pas reconnu par le reste du pays, le maréchal pensait, sans doute, que son armée intacte serait une garantie pour le respect des conditions de paix.

En 1873 seulement, c'est-à-dire trois ans plus tard, un conseil d'enquête, chargé d'apprécier la conduite des commandants de places fortes, ayant émis, sur la capitulation de Metz, un vote de blâme, le maréchal Bazaine, toujours inconscient des fautes qu'il avait commises, demanda lui-même à être jugé par un conseil de guerre.

Ce conseil de guerre siégea à Versailles sous la présidence du duc d'Aumale[1], qui était le plus ancien général de division de l'armée.

---

1. Le duc d'Aumale, fils du roi Louis-Philippe, avait commandé en chef l'armée d'Afrique.
Après la révolution de février 1848, il avait été exilé avec tous les princes de la famille d'Orléans.
En 1871, l'Assemblée nationale ayant rétabli ces princes dans leurs dignités, le duc d'Aumale reprit son grade de général de division, et c'est ainsi qu'il dut accepter la mission pénible de présider le conseil de guerre devant lequel comparut le maréchal Bazaine.

Le maréchal fut déclaré coupable :

D'avoir capitulé en rase campagne ;

D'avoir traité avec l'ennemi sans avoir fait préalablement tout ce que lui prescrivaient le devoir et l'honneur ;

D'avoir rendu la place de Metz sans avoir épuisé tous les moyens de défense.

Il fut condamné à la peine de mort avec dégradation militaire (10 décembre 1873).

Cette condamnation était inévitable, le code de justice militaire n'admettant aucune circonstance atténuante pour un crime contre le devoir militaire; mais le conseil de guerre, après avoir rendu la sentence, adressa aussitôt une lettre au président de la République, qui était alors le maréchal de Mac-Mahon. Il rappela la bravoure que le maréchal avait montrée au feu dans les batailles de Metz, l'éclat de ses services passés, ses campagnes, ses blessures, et il demanda que, usant de son droit de grâce, le président de la République ne laissât pas exécuter la sentence.

Le maréchal de Mac-Mahon commua la peine en vingt années de détention.

Le maréchal Bazaine fut interné à l'île Sainte-Marguerite, près de Cannes; il s'en évada, au mois d'août 1874 et se réfugia en Espagne, où il mourut, en 1888, dans la misère et l'abandon.

L'ancien commandant de l'Armée de Metz a durement expié l'oubli de ses devoirs de soldat, et sa mémoire reste chargée non seulement du poids de ses fautes personnelles, mais encore des injustes ressentiments d'un peuple trop disposé à excuser ses propres faiblesses et à expliquer par la trahison les malheurs dont il a été accablé.

IV

LA GUERRE EN PROVINCE

Révolution à Paris. — Proclamation de la République. — La nouvelle du désastre de Sedan avait causé dans toute la France une cruelle émotion. Une révolution éclatant à Paris renversa l'Empire; l'Impératrice dut s'enfuir et la République fut proclamée le 4 septembre.

Un gouvernement provisoire s'installa sous le nom de *Gouvernement de la Défense nationale*. Le général Trochu, gouverneur militaire de Paris, en reçut la présidence.

La résistance de Paris ne paraissait pas pouvoir être de longue durée, et la seule armée qui restait à la France était étroitement bloquée à Metz.

Malgré tout, il n'y eut, nulle part, de défaillance.

On fit entrer à Paris de grands approvisionnements et l'on hâta tous les préparatifs pour soutenir le siège.

Paris résista cinq mois et des armées nouvelles sortirent du sol de la Patrie.

Aussitôt après la bataille de Sedan, les Allemands s'étaient dirigés sur Paris.

Des pourparlers de paix avaient été entamés, mais les Allemands mettaient pour condition absolue la cession de l'Alsace et de la Lorraine. Si malheureuse que fût alors la France, elle se sentait encore trop de force pour consentir à cette humiliation et à cette douleur. Les négociations furent rompues et l'on se prépara à une lutte à outrance.

Le Gouvernement de la Défense nationale resta à Paris, dont l'investissement fut complet à partir du 20 septembre.

Une délégation de trois membres du gouvernement avait été envoyée à Tours avant l'investissement. Un quatrième membre, M. Gambetta, sortit de Paris en ballon, le 9 octobre, la rejoignit, et en prit la présidence. C'était un patriote ardent, doué d'une remarquable énergie. Il devint l'âme de la résistance quand même et exerça un pouvoir pour ainsi dire dictatorial. La direction du ministère de la guerre fut confiée à M. de Freycinet, ingénieur des mines.

Sans distinction de partis, le pays répondit à l'appel du gouvernement provisoire. Plus de 600 000 hommes furent successivement armés et jetés sur l'ennemi.

Organisation de la résistance. — Avant la guerre, il existait à Paris, et dans toutes les communes de France, des *gardes nationales*, c'est-à-dire des troupes bourgeoises armées pour le maintien de l'ordre public. A Paris, la garde nationale présentait une certaine apparence; quant aux gardes nationaux de province, ils n'avaient même pas d'uniforme.

Les célibataires et les veufs sans enfants formèrent des bataillons de guerre, appelés bataillons de gardes nationaux mobilisés, ou plus simplement *mobilisés*; ils entrèrent, en partie, dans la formation des nouvelles armées, mais la plupart n'étaient pas à même de rendre d'utiles services.

On obtint de meilleurs résultats avec les *mobiles*, bien que beaucoup n'eussent guère de discipline.

Au commencement de la guerre, les bataillons de mobiles parisiens avaient été envoyés au camp de Châlons; ils se mutinèrent et il fallut les ramener à Paris.

Dans la suite, quelques bataillons de mobiles de Paris et

de la province, commandés par des hommes de valeur, s'aguerrirent par les combats et payèrent bravement de leurs personnes.

Des corps de *francs-tireurs* s'organisèrent aussi, un peu de tous côtés. Quelques-uns étaient composés d'hommes courageux qui harcelaient les convois de l'ennemi et inquiétaient ses communications. Beaucoup d'autres n'étaient que des soldats de fantaisie qui s'affublaient de noms et d'uniformes singuliers, ne recherchaient pas les occasions de se battre, et ne firent que de mauvaise besogne.

Les Allemands terrorisèrent le pays pour empêcher les résistances locales et faire leurs réquisitions en sûreté. Ils brûlaient les villages, emmenaient des otages, frappaient de lourdes contributions de guerre, et fusillaient les habitants qui essayaient de se défendre ou qui étaient seulement soupçonnés d'avoir donné asile à des francs-tireurs. Ce système leur réussit trop bien. Il est triste de dire que certaines gens, profitant des malheurs publics, gagnaient de l'argent en vendant des denrées à l'ennemi, plutôt que de prendre un fusil et de risquer leur vie en défendant la Patrie. Ceux qui se sont enrichis, tandis que tant de familles tombaient dans la misère par suite de la mort des pères et des enfants, ne méritent que le mépris public.

Si la guerre recommence, si la France est encore envahie, il faut que tous ceux qui ne partiront pas, pouvant le faire, sachent d'avance que leur nom restera affiché, comme témoignage de honte, à la porte de la maison commune.

Mais, à côté des fautes à flétrir, il est consolant de se souvenir des nobles dévouements dont firent preuve, jusqu'au sacrifice de leur vie, des hommes généreux de toutes les classes de la société et aussi quelques femmes héroïques.

Un corps franc, recruté en majeure partie dans les provinces de l'ouest, appelé officiellement, pour cette raison,

Volontaires de l'Ouest, mais plus connu sous le nom de *Zouaves pontificaux*, parce qu'il fut formé avec un noyau de cette ancienne troupe et qu'il en garda l'uniforme, acquit une juste réputation de bravoure [1].

Une ardente fièvre patriotique secouait la France.

Comme troupes régulières, il ne restait que *six* régiments d'infanterie, *dix* régiments de cavalerie, quelques compagnies de dépôts, des marins, des gendarmes.

La Délégation du gouvernement montra une activité réellement digne d'admiration. Elle appela sous les armes tous les hommes valides et organisa successivement :

280 bataillons d'infanterie..........	230 000	hommes
31 régiments de garde mobile.......	111 000	—
Des bataillons de gardes nationaux mobilisés, environ.................	180 000	—
54 régiments de cavalerie..........	32 000	—
Des corps de francs-tireurs........	30 000	—
Au total..........	583 000	hommes

---

[1]. Les zouaves pontificaux étaient des volontaires qui s'étaient organisés en 1860, avec l'assentiment du gouvernement français, pour défendre les États du Pape.

Jusqu'en 1870, il y eut aussi, à Rome, une brigade de troupes françaises (35e et 42e régiments d'infanterie). Cette brigade ayant été rappelée après nos premiers malheurs, les troupes italiennes entrèrent à Rome et dépossédèrent le Pape.

Les zouaves pontificaux furent alors licenciés ; ils revinrent en France et demandèrent à former un corps particulier dans lequel entrèrent, par la suite, un grand nombre d'hommes de tout âge, appartenant, en partie, aux familles de noblesse. Ils avaient des sentiments religieux et monarchiques et un patriotisme élevé. Ils combattirent bravement, sans se préoccuper si le gouvernement de la France était celui qu'ils eussent préféré, et ils s'illustrèrent, dans maintes circonstances, en donnant le plus bel exemple de dévouement à la Patrie.

Les zouaves pontificaux avaient à leur tête M. de Charette, qui avait été leur commandant à Rome et qui reçut, plus tard, le grade de général au titre auxiliaire.

Elle se procura 1400 canons, 1 500 000 fusils, dont 120 000 fournis par les manufactures de l'État et le reste acheté à l'étranger.

Comme les Allemands n'avaient pas de marine de guerre, la mer était libre; des armes, des munitions, des subsistances en quantité considérable furent envoyées d'Amérique [1].

La France avait conservé assez de crédit pour qu'un emprunt pût être facilement conclu aux États-Unis.

On avait des hommes, de l'argent et des armes, mais il n'était pas possible de donner aux masses ainsi réunies, la solidité qui ne s'acquiert que par l'éducation militaire.

Le patriotisme et le bon vouloir ne peuvent suppléer au manque d'instruction des soldats et à l'inexpérience des

---

1. **Opérations maritimes.** — Il n'en serait plus de même dans une nouvelle guerre, parce que les Allemands ont maintenant une flotte nombreuse.

Au début de la guerre de 1870, il avait été question de profiter de la supériorité de notre marine pour tenter une opération sur les côtes de l'Allemagne. Ce projet fut abandonné après les premières batailles malheureuses. La flotte de guerre resta dans les ports et les marins furent appelés aux armées. Un corps de 15 000 marins prit part à la défense de Paris.

Quelques navires seulement furent laissés à la mer. Ils donnèrent la chasse aux navires marchands allemands et en capturèrent un certain nombre.

Un bâtiment de guerre allemand, la frégate *Augusta*, trompant leur surveillance, passa au nord de l'Écosse et vint sur les côtes de France; il surprit et coula plusieurs bateaux de commerce à l'embouchure de la Gironde (4 janvier 1871). Bientôt poursuivi, il alla se réfugier dans un port espagnol et n'en bougea plus.

Il faut aussi rappeler l'épisode d'un combat naval que se livrèrent deux petits bâtiments de guerre, le *Nestor*, navire allemand, et le *Bouvet*, navire français. Ils se trouvaient ensemble dans le port de La Havane et en sortirent pour se battre (12 novembre 1870). Ils se firent beaucoup de mal mutuellement, sans que ce combat singulier eût un résultat décisif; les autorités espagnoles s'interposèrent pour mettre fin à la lutte.

chefs; il ne suffit pas d'un uniforme et d'un fusil pour faire un soldat, ni de galons sur une manche pour faire un officier.

Il fallut nommer des officiers de tous grades et faire appel, pour commander les brigades et les divisions, à des officiers en retraite et à des officiers de marine.

Affronter les Allemands dans des batailles rangées avec des troupes ainsi constituées, c'était s'exposer à des désastres certains. Peut-être aurait-on pu mieux réussir en multipliant des coups de main hardis sur les derrières de l'ennemi, de manière à le harceler, à le fatiguer, à l'empêcher de se ravitailler.

Refuser les grandes batailles, mais organiser la résistance derrière chaque haie, derrière chaque fossé, c'est le seul moyen d'user l'ennemi et de soutenir une guerre nationale, lorsque les armées régulières n'existent plus.

Les forces improvisées par le Gouvernement de la Défense nationale furent ainsi réparties :

Une *Armée de la Loire*, successivement commandée par les généraux de la Motte-Rouge et d'Aurelle de Paladines [1];

Une *Armée du Nord*, sous les ordres du général Faidherbe [2];

Une *Armée des Vosges*, sous les ordres du général Cambriels [3].

---

1. Les généraux de la Motte-Rouge et d'Aurelle avaient été rappelés du cadre de réserve.

2. Le général Faidherbe était un officier du génie qui s'était distingué comme gouverneur du Sénégal.

3. Le général Cambriels, grièvement blessé à Sedan, n'avait pas été fait prisonnier. Mal remis de ses blessures, il n'exerça son commandement que fort peu de temps.

Plus tard, l'Armée des Vosges fut réunie à l'Armée de la Loire ; mais son nom fut conservé et donné aux corps de partisans de Garibaldi.

Au mois de décembre, l'Armée de la Loire se fractionna et forma deux groupes :

L'un, la *Deuxième Armée de la Loire*, commandée par le général Chanzy ;

L'autre, qui devint l'*Armée de l'Est*, sous les ordres du général Bourbaki.

La guerre allait donc continuer et prendre un caractère nouveau. Les opérations se groupent de la manière suivante :

Opérations des Armées de la Loire ;

Opérations de l'Armée du Nord ;

Opérations de l'Armée des Vosges et de l'Armée de l'Est ;

Siège de Paris ;

Sièges des forteresses.

Afin d'y mettre plus de clarté, le récit en sera fait séparément ; mais il ne faut pas perdre de vue que le but commun des opérations des Armées de Province était de venir au secours de Paris.

Le siège de Paris est donc l'opération principale, celle à laquelle se rattachent toutes les autres [1].

---

1. Voir un tableau de concordance à la fin du volume.

DÉFENSE DE CHATEAUDUN

ARMÉE DE LA LOIRE

Pl. VII

BATAILLES et COMBATS

Combat d'Artenay — 10 octobre
1re Bataille d'Orléans — 11 octobre
Défense de Châteaudun — 18 octobre
Bataille de Coulmiers — 9 novembre
Combat de Ladon — 24 nov.
Combat de Beaune-la-Rolande 28 nov.
Combat de Villepion — 1er décembre
Bataille de Loigny — 2 décembre
2e Bataille d'Orléans — 4 décembre

Échelle = 1 : 1.500 000

Positions le 1er décembre
 ☐ Armées françaises
 ☐ Armées allemandes
Positions le 5 décembre
 ■ Armées françaises
 ■ Armées allemandes

V

ARMÉE DE LA LOIRE

Combats d'Artenay (10 octobre). — Au mois d'octobre, le 15ᵉ corps d'armée, fort de 15 000 hommes, était réuni à Orléans, sous le commandement du général de la Motte-Rouge. Le gouvernement lui donna l'ordre de se porter en avant.

Les Allemands opposèrent des forces supérieures.

Après plusieurs combats autour d'**Artenay** (10 octobre), les troupes françaises battirent en retraite sur Orléans, qui fut occupé le lendemain par l'ennemi, non sans une vigoureuse résistance.

Les Allemands engagèrent à Artenay 14 000 hommes et 100 canons contre 8000 hommes et 16 canons.

Les combats d'Artenay coûtèrent 900 hommes tués, blessés et prisonniers; les Allemands ne perdirent que 200 hommes.

Le 15ᵉ corps, fort éprouvé, se replia sur la rive gauche de la Loire.

Les Allemands ne dépassèrent pas Orléans. Ayant appris que des rassemblements se formaient du côté de Chartres, ils y envoyèrent une division. Ce détachement devait traverser Châteaudun.

Défense de Châteaudun (18 octobre). — Il se trouvait à Châteaudun environ 900 francs-tireurs, sous les ordres du commandant de Lipowski [1], et 300 gardes nationaux. Ces braves gens firent une défense héroïque. La ville reçut plus de 2000 obus et fut totalement brûlée ; le combat dura toute la nuit dans les rues [2]. Cette résistance exaspéra les Allemands, qui incendièrent, le lendemain, les maisons restées debout.

Le général d'Aurelle de Paladines remplaça le général de la Motte-Rouge dans son commandement ; il rassembla au camp de *Salbris*, en Sologne, les détachements qui arrivaient de toutes les parties de la France, et réussit, par une sévère discipline, à leur donner une certaine cohésion. Ces troupes, dont l'effectif, au commencement de novembre, était de 85 000 hommes, constituèrent le 15e corps, sous les ordres directs du général d'Aurelle, et le 16e corps, sous ceux du général Chanzy [3].

A ce moment, la nouvelle de la capitulation de Metz causait partout une grande douleur. Pour relever les courages, Gambetta résolut de faire reprendre l'offensive et de réoccuper Orléans.

L'armée française passa la Loire et se déploya à l'ouest d'Orléans.

Bataille de Coulmiers (9 novembre). — Le mouvement ne s'exécuta malheureusement pas avec la rapidité et le secret nécessaires. Les Allemands, avertis à temps, évacuèrent Orléans, prirent position à **Coulmiers**, et se fortifièrent dans les villages voisins. Leur effectif était de 22 000 hommes ; celui des troupes françaises de 65 000 hommes.

---

1. Ancien officier démissionnaire.
2. Pour perpétuer le souvenir de cette défense, la ville de Châteaudun a été autorisée à placer une croix de la légion d'honneur dans ses armoiries.
3. Le général Chanzy arrivait d'Algérie.

Malgré l'énergie de l'attaque, le résultat de la bataille ne fut pas aussi complet qu'on pouvait l'espérer; les Allemands se retirèrent sur Artenay.

L'armée française eut 1 500 hommes hors de combat. Les Allemands perdirent 800 hommes et 2000 prisonniers.

Comme la victoire de Coulmiers était le premier succès obtenu depuis le commencement de la guerre, l'opinion publique en exagéra l'importance et l'espérance revint dans les cœurs.

Les Allemands en conçurent, du reste, quelque inquiétude, et la II⁰ Armée (prince Frédéric-Charles), rendue disponible par la capitulation de Metz, reçut l'ordre de se diriger à marches forcées sur la Loire. Si la résistance de Metz avait été prolongée de quelques semaines encore, peut-être l'Armée de la Loire eut-elle pu obtenir de nouveaux avantages?

Le général d'Aurelle ne chercha pas, d'ailleurs, à poursuivre son succès; il trouvait indispensable de compléter l'organisation des troupes; il fortifia les abords d'Orléans, et, malgré l'impatience que témoignait Gambetta, il s'immobilisa dans cette position.

Cependant, grâce à l'activité déployée par le gouvernement, des forces considérables arrivaient successivement en ligne. Plus de 200 000 hommes avec 250 canons se trouvèrent réunis au nord de la Loire.

Le 17ᵉ corps (général de Sonis) était à gauche; le 18ᵉ corps (général Billot) et le 20ᵉ corps (général Crouzat) se formaient à droite, du côté de Gien [1].

---

[1]. Le général de Sonis arrivait d'Algérie.

Le général Billot, évadé de Metz, où il était colonel d'état-major, avait été nommé général à titre auxiliaire.

Le 20ᵉ corps était composé des troupes de l'ancienne Armée des Vosges, qui avaient été ramenées de Besançon avec le général Crouzat voir plus loin, chap. VIII).

Gambetta, pour décider le général d'Aurelle à se mettre en mouvement, donna directement des ordres à ces deux derniers corps. Il leur prescrivit de marcher sur Pithiviers et, de là, sur la forêt de Fontainebleau. Toute l'armée les suivrait.

Combats de Ladon et de Maizières (24 novembre). — Le 24 novembre, il y eut un premier engagement du côté de **Ladon** et de **Maizières**. Ces combats, peu importants en eux-mêmes, avertirent le prince Frédéric-Charles du mouvement offensif de l'armée française, et une lettre trouvée sur un officier tué lui confirma les projets de Gambetta.

Combat de Beaune-la-Rolande (28 novembre). — Le 28 novembre, le général Crouzat avec le 20e corps et une partie du 18e, c'est-à-dire 30 000 hommes environ, attaqua **Beaune-la-Rolande**. Malgré la bravoure montrée par les troupes, il ne put réussir à enlever la ville. Il ne recula pas cependant et resta en face des Allemands jusqu'au 1er décembre.

L'armée française perdit 3000 hommes et 1600 prisonniers; les Allemands, environ 900 hommes dont une centaine de prisonniers et un canon.

Le 30, une dépêche, arrivée de Paris par ballon[1], annonça que la garnison devait tenter une grande sortie vers le sud pour opérer sa jonction avec l'armée de la Loire. Il fallait agir sans plus tarder.

M. de Freycinet, qui remplissait les fonctions de ministre de la guerre, vint à l'armée et prescrivit au général d'Aurelle une offensive générale.

Le mouvement commença le 1er décembre.

---

1. Le ballon portant cette dépêche était tombé en Norvège; la dépêche, transmise par télégraphe, arrivait tardivement.

L'Armée de la Loire comptait alors 170 000 hommes, disséminés sur un front de 100 kilomètres :

A gauche, près de Marchenoir, le 17ᵉ corps (Sonis), puis le 16ᵉ corps (Chanzy);

Au centre, le 15ᵉ corps (Martin des Pallières);

A droite, vers Bellegarde, le 20ᵉ corps (Crouzat); le 18ᵉ corps (Billot).

En face, se trouvaient la IIᵉ Armée allemande (prince Frédéric-Charles) et, à sa droite, la Subdivision d'Armée du grand-duc de Mecklembourg.

La neige couvrait les plaines de la Beauce; un vent glacial les balayait. Les troupes souffraient cruellement du froid pendant les nuits de bivouac. Beaucoup d'hommes avaient eu les pieds gelés.

Combat de Villepion (1ᵉʳ décembre). — Le 1ᵉʳ décembre, une division du 16ᵉ corps (Chanzy) attaqua **Villepion** et en chassa l'ennemi.

Les pertes s'élevèrent à un millier d'hommes de part et d'autre.

Bataille de Loigny — Poupry (2 décembre). — Le 2 décembre, le combat recommença, et dura toute la journée autour des villages de **Loigny**, *Lumeau*, *Terminiers*, *Poupry*.

Il y eut en réalité deux batailles séparées : l'une, à gauche vers Loigny, livrée par le 16ᵉ corps et des fractions du 17ᵉ corps; l'autre à droite vers Poupry, par une partie du 15ᵉ corps.

La lutte fut particulièrement acharnée à Loigny. Deux bataillons du 37ᵉ de marche, retranchés dans le cimetière, résistaient avec une admirable énergie à l'ennemi qui les débordait de toutes parts. En vain, pour les dégager, le général de Sonis entraîna une poignée de 800 hommes (volontaires de l'Ouest, mobiles de la Côte-d'Or, francs-tireurs de Tours et de Blida), qui chargèrent avec un superbe héroïsme et se couvrirent d'une gloire impérissable [1].

A la nuit, l'ennemi resta maître de Loigny.

Le 2 décembre, l'effectif des combattants avait été de 45 000 Français contre 35 000 Allemands.

De chaque côté, il y eut 4000 hommes hors de combat. Les Français perdirent, en outre, 2500 prisonniers, et les Allemands, 500.

Dans ces rudes journées de combat, nos jeunes soldats avaient montré le plus brillant courage, et, en réfléchissant sur l'insuccès de leurs efforts, on voit bien qu'il ne suffit pas d'être vaillant et qu'il faut encore que la vaillance soit bien employée.

Comme bien d'autres batailles de cette malheureuse guerre, la bataille de Loigny-Poupry fut décousue; chaque division s'engagea de son côté, les unes trop tôt, les autres trop tard, sans ensemble dans leurs mouvements. La direction supérieure fit défaut. Il en est souvent ainsi lorsque la lutte s'étend sur un grand front, car le commandant en chef ne peut être partout, ni tout voir. Alors chacun agit pour son compte et pour le mieux.

Les chances sont alors plus ou moins heureuses, mais, presque toujours, la victoire reste aux troupes les plus tenaces et le mieux liées entre elles.

L'aile droite de l'armée française avait été arrêtée par le combat de Beaune-la-Rolande; le centre et l'aile gauche, par les combats de Poupry et de Loigny. Les Allemands résolurent une attaque concentrique sur Orléans.

---

1. Les volontaires de l'Ouest comptaient 300 hommes conduits par le colonel de Charette; 18 officiers et 198 hommes furent mis hors de combat. Les mobiles perdirent 110 hommes, les francs-tireurs, 62 hommes. Le général de Sonis tomba la jambe fracassée et resta toute la nuit sur le champ de bataille. Le lendemain, il dut être amputé.

Bataille d'Orléans (3 et 4 décembre).

— Pendant la journée du 3 décembre, le combat continua sur tout le front.

Il faisait excessivement froid. La rigueur de la température, les ouragans de neige, les privations de toutes sortes causaient de grandes souffrances aux troupes.

Les soldats se battaient bravement ; les officiers faisaient preuve du plus grand dévouement ; mais les uns manquaient de cette discipline qui, seule, peut faire supporter des fatigues exceptionnelles et les autres n'avaient souvent ni l'expérience, ni l'autorité suffisante pour imposer l'obéissance. Aussi la débandade suivait presque toujours un engagement malheureux.

La retraite se fit d'abord avec ordre, en tenant partout tête à l'ennemi ; mais ensuite, avec désordre et précipitation.

Le général d'Aurelle ne jugea plus possible de défendre les lignes fortifiées qu'il avait organisées autour d'Orléans. Il fit enclouer les canons et abandonna la ville pendant la nuit du 4 décembre. Un grand nombre de soldats épuisés de fatigue restèrent en arrière et furent ramassés par l'ennemi.

Les combats du 3 et du 4 coûtèrent 20 000 hommes, dont 2000 tués ou blessés. Les Allemands ne perdirent qu'environ 1800 hommes.

L'Armée de la Loire se fractionna en trois groupes :

Au centre, le 15ᵉ corps se retira sur Vierzon ;

A droite, le 18ᵉ et le 20ᵉ corps se replièrent par les ponts de *Jargeau*, de *Sully* et de *Gien* et, de là, dans la direction de *Bourges* ;

A gauche, le 16ᵉ et le 17ᵉ corps (environ 100 000 hommes) reculèrent sur *Beaugency* par la rive droite de la Loire.

Le général d'Aurelle fut relevé de son commandement.

Le 15ᵉ, le 18ᵉ et le 20ᵉ corps (environ 100 000 hommes) furent placés sous les ordres du général Bourbaki [1].

Le 16ᵉ et le 17ᵉ corps, auxquels se réunit le 21ᵉ corps (Jaurès) [2] nouvellement organisé (environ 120 000 hommes), formèrent, sous les ordres du général Chanzy, une armée indépendante qui fut appelée, dans la suite, *Deuxième Armée de la Loire*.

---

1. Le général Bourbaki, qui commandait la Garde impériale, était sorti de Metz, comme on l'a vu plus haut. Il reçut d'abord le commandement de l'Armée du Nord, mais il ne le conserva que quelques jours et fut ensuite appelé à l'Armée de la Loire.

2. Le général Jaurès était un officier de marine.

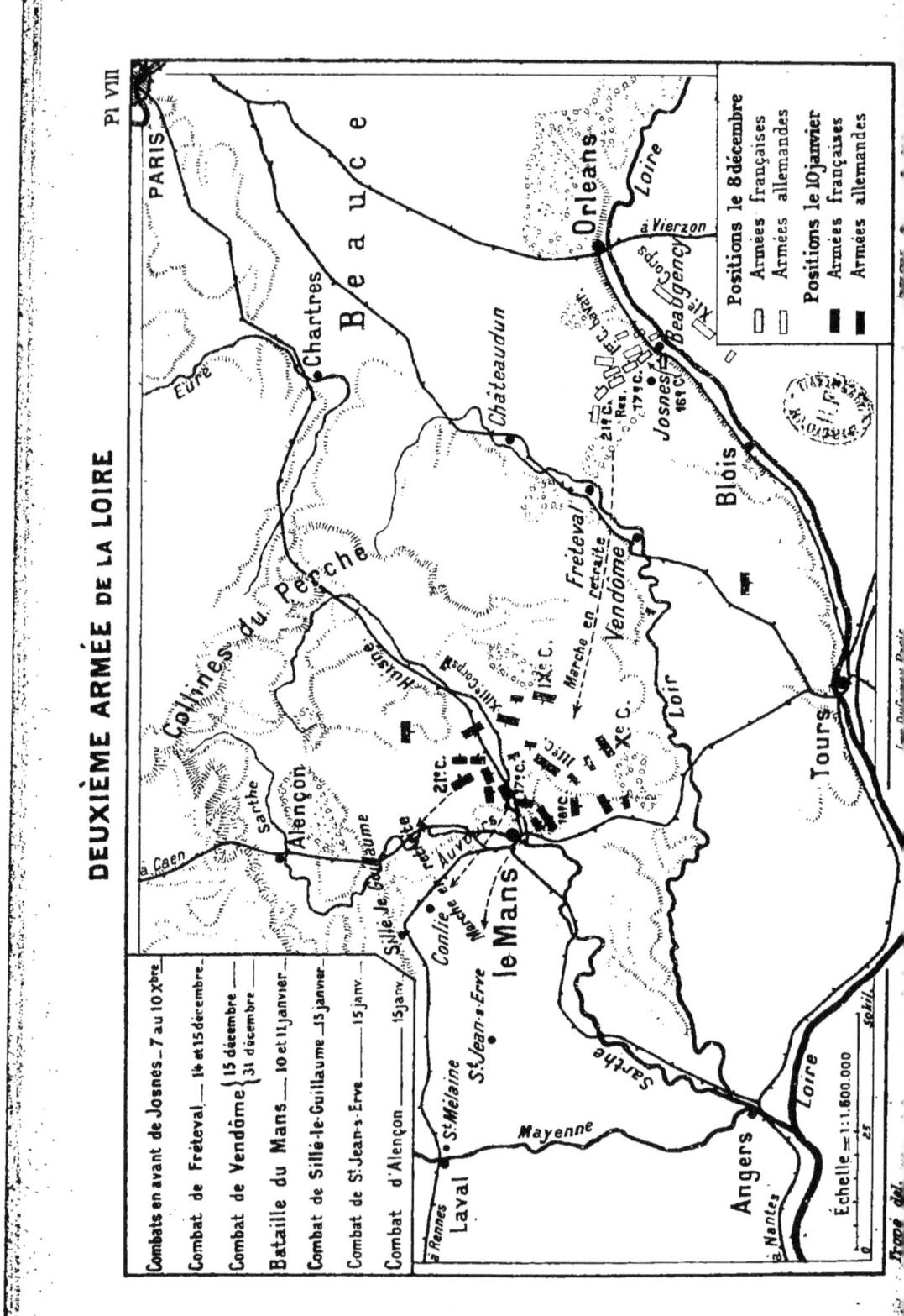

VI

DEUXIÈME ARMÉE DE LA LOIRE

Le général Chanzy prit le commandement de la Deuxième Armée de la Loire. Il appuya sa droite à la Loire pour couvrir Tours.

Le gouvernement se retira de Tours à Bordeaux.

Combats en avant de Josnes (7 au 10 décembre). — Pendant quatre jours, du 7 au 10 décembre, dans une série de combats partiels, livrés en avant de *Josnes* et qui coûtèrent à l'ennemi plus de 3000 hommes, les troupes firent preuve d'une vigueur remarquable. Mais leur force de résistance s'épuisait.

Des ordres, envoyés directement par le gouvernement, étaient en désaccord avec ceux donnés par le général Chanzy et causaient de l'indécision.

Les détachements qui tenaient les rives de la Loire, ne conservèrent pas leurs positions.

La situation devint critique.

Combats sur le Loir. — L'ennemi ayant ainsi la possibilité de déborder son aile droite, le général Chanzy ordonna un changement de front en arrière sur l'aile gauche et vint établir son front sur le Loir, parallèlement à la Loire. Ce mouvement fut exécuté du 11 au 13 décembre avec une assez grande régularité, par un grand froid auquel succéda la pluie.

Les troupes étaient très fatiguées et laissaient beaucoup de traînards qui tombaient aux mains de l'ennemi.

Le 14 et le 15 décembre, l'armée fit vigoureusement tête à **Fréteval** et à **Vendôme**.

La retraite continua dans la direction du Mans.

Les misères étaient grandes. Il pleuvait sans cesse; le froid était toujours rigoureux. Des bataillons entiers se débandaient; les hommes se dispersaient dans les fermes et dans les villages pour chercher à se réchauffer et à manger. Cependant les troupes continuaient à camper sous les petites tentes. Telle était la force des habitudes! Des cohues d'isolés couvraient les chemins. Les uns traînaient derrière les colonnes; les autres, au contraire, les précédaient, se hâtant pour arriver plus vite au Mans, où ils espéraient trouver quelque repos.

Chaque jour, jusqu'à la nuit et parfois pendant la nuit, le canon se faisait entendre d'un côté ou de l'autre; c'étaient des combats de détail sans solution, et l'énervement en augmentait. Pour arrêter cette désorganisation, des mesures de répression fort sévères furent ordonnées, mais elles restèrent insuffisantes.

« Il faut rendre pleine justice, a écrit un historien allemand, aux hommes qui, même dans une telle situation, ne perdirent pas courage et s'obstinèrent à continuer la lutte au milieu de circonstances si difficiles. » Le général Chanzy fit, en effet, preuve d'une force d'âme peu commune [1].

Le 29 décembre, l'armée arriva aux environs du Mans. Le plan du général Chanzy était de s'y arrêter, de s'y

---

1. Aussi, malgré les revers que subit l'armée française aux environs du Mans, le pays a honoré son courage en élevant un monument au général Chanzy sur une des places de la ville.

réorganiser, de recevoir des renforts, et ensuite de tenter, avec la partie de l'armée restée sur la Loire, sous les ordres du général Bourbaki, un mouvement offensif dans la direction de Paris.

Mais le gouvernement avait d'autres projets. Le général Bourbaki devait faire une diversion vers Belfort. Le général Chanzy resta livré à ses seules forces.

La retraite sur le Mans n'avait pas été gênée par l'ennemi.

Après les combats du 15 décembre, le prince Frédéric-Charles ramena ses troupes à Orléans pour leur donner un peu de repos. Elles étaient harassées de fatigue. Leurs effectifs fondaient; les pertes qu'elles subissaient dans ces combats continuels qui n'aboutissaient à rien, les décourageaient. Elles souffraient beaucoup aussi des rigueurs de la température, moins cependant que les Français, parce qu'elles cantonnaient dans les villages au lieu de camper.

Afin d'éviter une trop grande dissémination des troupes, le grand état-major allemand prescrivit de n'occuper d'une manière permanente qu'un certain nombre de points : Dreux, Chartres, à l'ouest; Blois, Orléans, Gien, Auxerre, au sud. Il donna l'ordre d'y maintenir les troupes rassemblées, et d'*attendre que les forces françaises se fussent réunies en corps assez importants, pour se porter contre elles et les détruire.* C'est-à-dire que les Allemands craignaient de s'user dans la guerre de détail, et c'était bien en effet la seule qu'eussent été capables de mener les troupes françaises, auxquelles le courage ne manquait pas, mais qui n'étaient ni assez solides, ni assez bien commandées pour livrer des batailles rangées. Le gouvernement ne paraissait pas s'en rendre compte, et il persistait à combiner des manœuvres stratégiques qu'il n'avait pas le moyen de faire réussir.

Cependant, tout en se concentrant sur le Mans, le général Chanzy ne perdait pas le contact avec l'ennemi; des colonnes légères, montrant beaucoup d'activité, arrêtaient les avant-gardes allemandes sur la ligne du Loir, notamment à **Vendôme**, le 31 décembre.

De son côté, le prince Frédéric-Charles était préoccupé des tentatives que pouvait faire le général Bourbaki.

Lorsqu'il fut assuré que le général Bourbaki ne se disposait pas à reprendre l'offensive sur la Loire, il décida de se porter en masse contre le général Chanzy.

Le 6 janvier, les corps de la IIe Armée arrivèrent sur le Loir; à leur droite, du côté de Chartres, se trouvait le XIIIe corps allemand (grand-duc de Mecklembourg).

Les colonnes ennemies se dirigèrent vers le Mans.

Après avoir refoulé les détachements de l'armée française, elles abordèrent les positions sur lesquelles le général Chanzy avait résolu de résister.

L'armée du général Chanzy avait reçu des renforts et comptait alors 90 000 hommes. Mais c'étaient en grande partie des mobilisés, sans aucune instruction militaire. Rassemblés au *camp de Conlie* (à l'ouest du Mans), ils y avaient déjà extrêmement souffert, dans la boue, sous les intempéries de ce rude hiver; ils étaient démoralisés avant d'avoir vu le feu. Comment, avec de pareilles troupes, tenir devant les Allemands, qui, bien qu'éprouvés, eux aussi, par les fatigues et le froid, avaient conservé la solidité qu'on peut attendre de troupes toujours victorieuses, régulièrement commandées, bien disciplinées, et confiantes dans leurs chefs!

On l'essaya cependant.

Bataille du Mans (10 et 11 janvier). — Le nom de bataille du Mans a été donné à l'ensemble des combats livrés, le 10 et le 11 janvier, à l'est du Mans.

Sur bien des points, notamment au plateau d'*Auvours*, le 11 janvier, la lutte fut très énergique.

Ces hauteurs formaient la clef de la position; d'abord perdues, elles furent reprises à la suite d'une vigoureuse charge des volontaires de l'Ouest conduits par le général Gougeard [1]. Mais, dans la nuit du 11, un corps de mobilisés de Bretagne, pris de panique, abandonna, sans tirer un coup de fusil, un poste qu'il était chargé de défendre.

Lorsqu'une brèche se produit ainsi sur une ligne de bataille, toute la ligne est compromise. Il n'était plus possible de se maintenir sur les autres positions.

La retraite fut ordonnée le 12 au matin; un corps de gendarmes fit très belle contenance pour la couvrir.

Les Allemands entrèrent au Mans. Le combat se prolongea jusqu'à la nuit dans les rues de la ville.

Dans les combats livrés autour du Mans, du 6 au 12 janvier, les Allemands engagèrent 75 000 hommes; ils eurent 200 officiers et plus de 3000 hommes hors de combat. Sur un effectif de 90 000 hommes, l'armée française perdit environ 6000 hommes et 20 000 prisonniers.

Retraite sur la Mayenne. — Cependant le général Chanzy ne voulait pas encore abandonner la partie, ni trop s'éloigner de Paris. Son projet était de se retirer du côté d'Alençon, dans le pays difficile du Perche. Mais les ordres du gouvernement lui prescrivirent de se replier derrière la Mayenne. L'ennemi le suivit sans grande vigueur; les troupes allemandes étaient très fatiguées; leurs cadres en officiers, extrêmement réduits.

Quelques combats furent encore soutenus par les arrière-gardes françaises.

---

1. Le général Gougeard était un capitaine de vaisseau nommé général au titre auxiliaire.

A **Sillé-le-Guillaume** (15 janvier), les Allemands perdirent une centaine d'hommes et 30 prisonniers.

Le même jour, des engagements eurent lieu à **Saint-Jean-sur-Erve** et à **Alençon**.

Le 18 janvier, on combattit encore près de Laval, à **Saint-Mélaine**; puis, ce fut fini dans cette partie de la France.

Le 28 janvier, l'armistice arrêta les opérations.

VII

ARMÉE DU NORD

Après la capitulation de Metz, tandis que la IIe Armée allemande (Frédéric-Charles) était dirigée sur la Loire, la Ire Armée (Manteuffel) recevait la mission de couvrir l'investissement de Paris contre les rassemblements de troupes qui s'organisaient à Rouen, à Amiens, et dans les places du Nord.

Les nombreuses places fortes [1] de la frontière du Nord renfermaient une grande quantité de matériel de guerre, qui fut utilisé pour l'organisation des nouveaux corps.

La constitution de l'Armée du Nord ne ressembla pas à celle de l'Armée de la Loire. Un assez grand nombre d'officiers, de sous-officiers et de soldats, évadés de Sedan et de Metz, étaient rentrés en France par la Belgique; ils formèrent quelques cadres relativement solides. Grâce aux

---

1. C'étaient : Dunkerque, Saint-Omer, Aire, Lille, Douai, Arras, Cambrai, Valenciennes, Maubeuge, Avesnes, Landrecies, etc., et, en seconde ligne : Péronne sur la Somme, le château de Ham, La Fère, la citadelle d'Amiens.

Actuellement, Dunkerque, Lille, Maubeuge, Laon, ont été conservées et entourées de forts extérieurs; Péronne a été également gardée comme place de barrage; les autres forteresses ont été déclassées. Plusieurs forts d'arrêt ont, en outre, été construits pour protéger les lignes de chemins de fer.

ressources des forteresses, il fut possible d'organiser une artillerie assez nombreuse, mais on n'eut que fort peu de cavalerie.

Le commandement de l'Armée du Nord fut d'abord donné au général Bourbaki qui était sorti de Metz, comme on l'a vu précédemment. Le général Bourbaki ayant été appelé à l'Armée de la Loire, le général Faidherbe le remplaça.

Dans l'intervalle, l'armée resta, pendant quelque temps, sous les ordres du général Farre, qui en était le chef d'état-major et qui livra la première bataille.

La Ire Armée allemande se dirigea donc de Metz sur Compiègne et de là sur Amiens.

Les troupes françaises formaient trois brigades, non compris 8000 hommes de gardes mobiles de la garnison d'Amiens ; en tout, 25 000 hommes et 60 canons.

Les Allemands avaient plus de 35 000 hommes et 174 canons.

Bataille de Villers-Bretonneux ou d'Amiens (27 novembre).

Le général Farre avait fait occuper, au sud-est d'Amiens, des positions très étendues autour du village de *Villers-Bretonneux*.

Les jeunes troupes qui voyaient le feu pour la première fois soutinrent très honorablement l'attaque ennemie.

De part et d'autre, il y eut 1300 à 1400 hommes hors de combat.

L'armée française se retira sur la rive droite de la Somme, sans être inquiétée.

Les Allemands entrèrent le lendemain à Amiens, dont la citadelle capitula deux jours après.

C'est au même moment que l'Armée de la Loire livrait la bataille de Beaune-le-Rolande.

ARMÉE DU NORD

Pl. IX

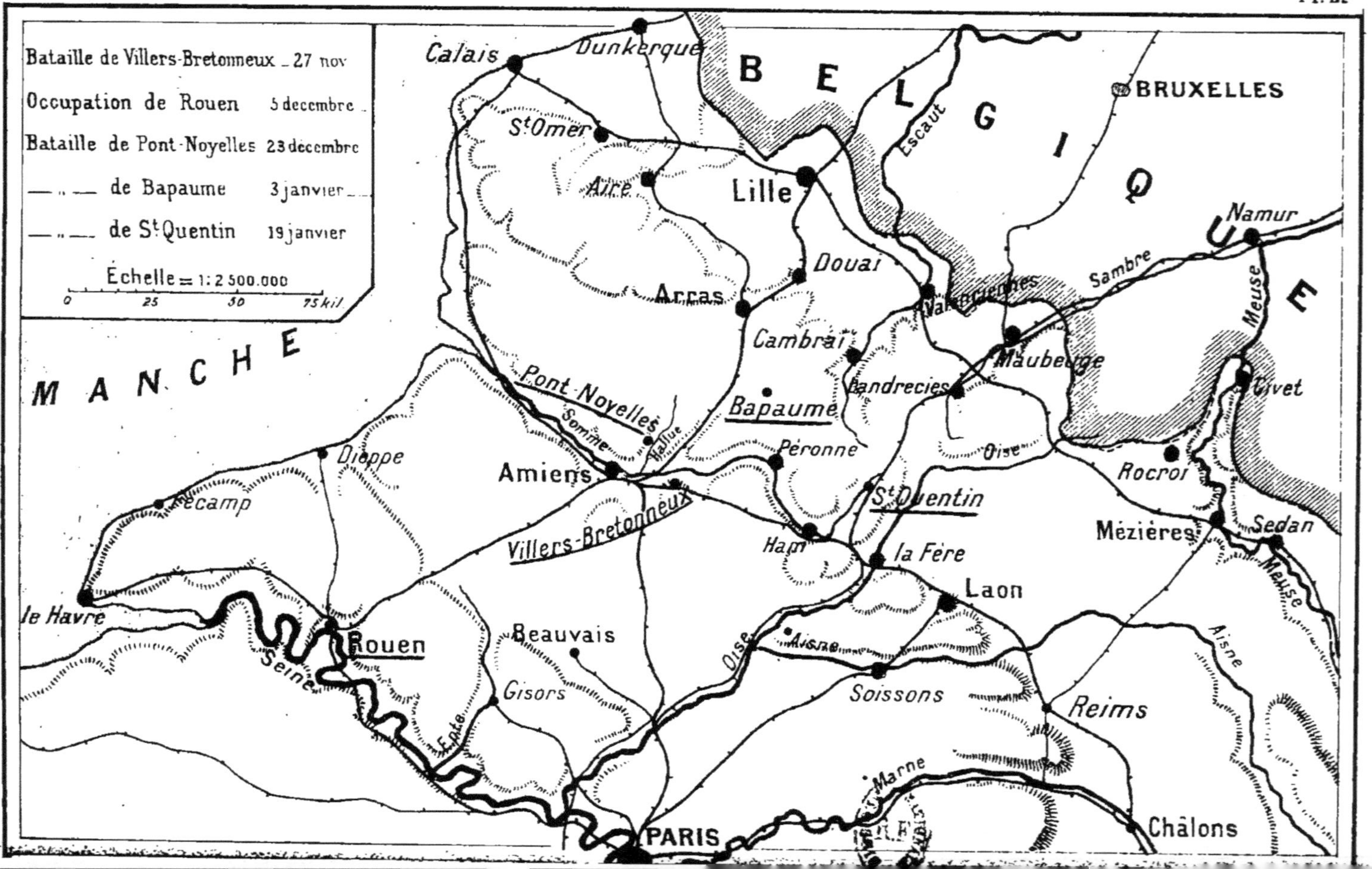

Bataille de Villers-Bretonneux _ 27 nov
Occupation de Rouen 5 decembre
Bataille de Pont-Noyelles 23 decembre
— „ — de Bapaume 3 janvier
— „ — de St Quentin 19 janvier
Échelle = 1 : 2 500.000
0 25 50 75 kil
MANCHE
BELGIQUE
BRUXELLES
Calais
Dunkerque
St Omer
Aire
Lille
Escaut
Douai
Arras
Valenciennes
Maubeuge
Sambre
Namur
Meuse
Givet
Cambrai
Landrecies
Bapaume
Pont-Noyelles
Somme
Hallue
Péronne
Oise
Rocroi
Dieppe
Fécamp
Amiens
St Quentin
Villers-Bretonneux
Mézières
Sedan
Ham
la Fère
Laon
le Havre
Rouen
Seine
Beauvais
Aisne
Gisors
Epte
Soissons
Reims
Marne
PARIS
Châlons

Occupation de Rouen par les Allemands (5 décembre). — Il se trouvait alors à Rouen un rassemblement d'environ 20 000 hommes. Quelques détachements avaient eu avec les Allemands plusieurs engagements sur l'Epte, du côté de **Gisors**, et leurs entreprises inquiétant l'ennemi, le général Manteuffel reçut l'ordre d'occuper Rouen.

Cette ville est dominée par les hauteurs voisines; il n'était pas possible de la défendre. Les Allemands y entrèrent le 5 décembre, après quelques combats de peu d'importance.

Les troupes françaises passèrent sur la rive gauche de la Seine. Quelque temps après, une partie fut transportée *au Havre*. Des défenses avaient été improvisées autour de ce grand port de commerce, un des plus importants de la France; les Allemands renoncèrent à l'attaquer, et le Havre fut conservé jusqu'à la fin de la guerre.

Cependant l'Armée du Nord complétait son organisation sous le commandement du général Faidherbe. Elle forma le 22ᵉ corps d'armée à trois divisions. Son effectif était de 30 000 hommes.

Le général Faidherbe résolut de prendre l'offensive et se porta sur la ligne de la Somme.

Réoccupation de Ham (9 décembre). — Une garnison allemande de 200 hommes qui tenait le château de *Ham*, capitula après une faible résistance, et l'armée française se dirigea sur Amiens.

Bataille de Pont-Noyelles (23 décembre.) — Le général Manteuffel se hâta d'accourir. Il rassembla toutes les troupes voisines et vint attaquer les fortes positions que le général Faidherbe avait prises sur la rivière de l'**Hallue**, près de **Pont-Noyelles**. Le combat fut opiniâtre. Les Alle=

mands ne réussirent pas à enlever les hauteurs occupées par l'armée française.

Pour affirmer le succès de sa résistance le général Faidherbe y maintint ses troupes et les fit bivouaquer pendant la nuit suivante, malgré une température glaciale qui leur causa de grandes souffrances. De leur côté, les Allemands cantonnèrent dans les villages de la vallée

Le lendemain, le général Faidherbe jugea nécessaire de ramener son armée derrière les places du Nord pour la reposer.

Les pertes s'élevèrent à un millier d'hommes de part et d'autre.

Les Allemands commencèrent le siège de **Péronne**.

Bataille de Bapaume (3 janvier). — Après quelques jours de repos, le général Faidherbe reprit l'offensive dans l'intention de secourir Péronne.

Plusieurs combats d'avant-garde furent livrés le 2 janvier; la bataille générale s'engagea le lendemain près de **Bapaume**. Elle dura toute la journée et resta indécise. Cependant, les Allemands évacuèrent Bapaume et se disposèrent à repasser la Somme; mais, le général Faidherbe s'étant aussi replié, ils s'en aperçurent et revinrent sur leurs pas.

Péronne, se croyant abandonnée, capitula le 10 janvier.

Bataille de Saint-Quentin (19 janvier). — L'Armée du Nord reprit l'offensive une troisième fois; elle se porta dans la direction de **Saint-Quentin**, pour coopérer à une sortie que la garnison de Paris devait tenter vers le nord.

La glace et le verglas rendaient la marche très difficile; le mouvement se fit lentement et les Allemands purent en être prévenus. Le général von Gœben, qui avait remplacé le général Manteuffel [1], se porta au-devant de l'armée française.

Après quelques combats d'avant-garde, livrés le 18, il attaqua, le lendemain, les positions de Saint-Quentin.

La lutte fut partout très énergique et marquée, du côté français, par de fréquents et vigoureux retours offensifs. A la nuit, le général Faidherbe donna l'ordre de battre en retraite.

De chaque côté, 30 000 hommes environ prirent part au combat; et les pertes par le feu s'élevèrent à 3000 hommes, mais le nombre des prisonniers français dépassa 6000, en tenant compte des traînards et des éclopés qui restèrent en arrière et qui furent ramassés le lendemain.

La retraite des troupes françaises s'effectua, du reste, sans être gênée, jusqu'à la ligne des places fortes.

Sans avoir obtenu de succès décisifs, l'Armée du Nord combattit avec une valeur à laquelle l'ennemi rendit, lui-même, justice. C'est tout ce que pouvaient donner de jeunes troupes qui avaient à supporter les épreuves d'un hiver exceptionnellement rude.

Elles ont tenu ferme leur drapeau. Honneur doit leur être rendu.

---

1. Le général Manteuffel avait été appelé au commandement d'une nouvelle armée formée sous le nom d'*Armée du Sud*, pour opérer contre le général Bourbaki, dans le bassin de la Saône.

VIII

LA GUERRE DANS L'EST

ARMÉE DES VOSGES

Après la capitulation de Strasbourg (26 septembre), une division allemande de réserve fut chargée de faire le siège des autres places de l'Alsace : Schlestadt, Neuf-Brisach et Belfort [1].

Le XIV° corps (de Werder) reçut l'ordre de traverser les Vosges et d'y détruire les centres de résistance qui s'y organisaient.

Les Vosges sont des montagnes boisées, peu élevées, percées d'un grand nombre de chemins. Elles présentent des conditions très favorables à la guerre de partisans et d'excellentes positions de défense, particulièrement sur la ligne de la Meurthe; mais, pour les utiliser, il aurait fallu des officiers connaissant bien le pays et des troupes préparées à la guerre de montagnes. Malheureusement la mise en état de défense des Vosges avait été complètement négligée; il s'y trouvait seulement quelques détachements de francs-tireurs et de mobiles.

A la fin de septembre, ces corps de partisans devinrent le noyau de l'*Armée des Vosges*, dont le général Cam-

---

1. Voir chapitre x.

briels reçut le commandement. Leur effectif était d'environ 10 000 hommes. Mais l'ennemi ne laissa pas le temps de compléter cette organisation.

Les colonnes allemandes, débouchant par les routes du Donon, descendirent sur Raon-l'Étape et sur Saint-Dié.

Raon fut occupé après un court combat contre la garde nationale et des partis de francs-tireurs.

Combat de la Bourgonce (6 octobre). — Une brigade d'environ 6 à 8000 hommes (mobiles et francs-tireurs), commandée par le général Dupré [1], avait pris position en avant du village de la Bourgonce, sur les hauteurs qui dominent la rive gauche de la Meurthe, entre Raon et Saint-Dié. Elle fut attaquée le 6 octobre et résista avec plus d'énergie qu'on n'en pouvait espérer de troupes ainsi constituées.

Les Allemands perdirent environ 500 hommes; les pertes françaises furent doubles.

La retraite se fit à travers les bois, dans la direction de Rambervillers et d'Épinal.

Le 9 octobre, la garde nationale de **Rambervillers** essaya honorablement de défendre la ville [2].

Le 11, un combat sanglant fut livré à **Brouvelieures** et à **Bruyères**.

Le 12, les Allemands entrèrent à Épinal qui, à cette époque, n'était pas fortifié.

Le général Cambriels se vit alors forcé d'abandonner la région vosgienne; il se retira dans la direction de Besançon.

---

1. Le général Dupré, colonel de gendarmerie, avait été nommé général à titre auxiliaire.

2. Pour perpétuer le souvenir de cette défense, la ville de Rambervillers a été autorisée à placer une croix de la légion d'honneur dans ses armoiries.

ARMÉE DES VOSGES et ARMÉE DE L'EST
Pl. X

ARMÉE DES VOSGES
Combats et Batailles de :
la Bourgonce — 6 octobre
Rambervillers — 9 d°
Brouvelieures ⎫
Bruyères ⎭ 11 d°
Etuz — 22 d°
Châtillon — 25 octobre
Dijon — 30 d°

CORPS de GARIBALDI et de CREMER
Dijon — 26 novembre
Autun — 1ᵉʳ décembre
Nuits ⎧ 30 novembre
      ⎩ 18 décembre
Dijon ⎧ 21 janvier
      ⎩ 23 — d°

ARMÉE DE L'EST
Combat de Villersexel — 9 janvier
— d° — Arcey — 13 d°
Bataille d'Héricourt — 15 au 17 d°
Combat de Chaffois — 29 d°
— d° — la Cluse — 1ᵉʳ fèvrier

Bataille de VILLERSEXEL
(9 Janvier, matin)

Bataille d'HÉRICOURT
(15, 16 et 17 Janvier)

Français ▬
Allemands ▬

Éch. = 1:2.000.000

Lécard del.

NIOX - Guerre de 1870 p. 82.

Combats sur l'Ognon (22 au 25 oct.). — L'ennemi l'ayant suivie, l'armée s'arrêta sur l'Ognon, où elle livra plusieurs combats, notamment à **Étuz** (22 oct.) et à **Châtillon** (25 oct.); mais les Allemands ne s'approchèrent pas davantage de Besançon.

Combat de Dijon (30 oct.). — Ils se portèrent sur **Dijon**, qu'ils occupèrent le 30 octobre, après un combat contre des troupes de formation nouvelle, dont la capacité de résistance ne pouvait faire illusion.

Ce combat nous coûta 350 hommes tués ou blessés.

De Dijon, les Allemands étaient à portée de surveiller les mouvements des troupes qui se rassemblaient dans la vallée de la Saône et dans le Morvan.

A ce moment, le général Cambriels, qui souffrait beaucoup de blessures reçues à Sedan, dut remettre le commandement au général Crouzat.

Toutes les préoccupations de la Délégation du gouvernement de la Défense nationale étaient alors tournées vers la Loire. M. Gambetta voulait réunir à Orléans une grande armée, capable de livrer de grandes batailles et de débloquer Paris. Les aptitudes de troupes jeunes, courageuses, patriotes, mais peu exercées et mal soudées les unes aux autres, eussent été certainement mieux utilisées en organisant, dans la région accidentée et boisée du Morvan, de la Côte-d'Or et des Vosges, une guerre méthodique de partisans, afin de couper les communications de l'ennemi, d'empêcher ses ravitaillements, et de paralyser ses manœuvres.

Ce n'est pas ainsi que fut comprise la direction à donner

à la défense; le général Crouzat reçut l'ordre de conduire ses troupes à Chagny; elles furent ensuite transportées, par voie de fer, sur la Loire, où elles formèrent le 20° corps d'armée [1].

Il ne resta, dans l'Est, que deux divisions, chacune d'environ 15 000 hommes, sous les ordres du général Cremer [2] et du général Garibaldi [3], entre lesquels l'entente nécessaire à la réussite des opérations ne put, d'ailleurs, s'établir.

Le corps de Garibaldi hérita du nom d'*Armée des Vosges*; son quartier général s'établit à Autun dans le Morvan.

La division Cremer resta dans la vallée de la Saône.

Un coup de main habile fut effectué dans la nuit du 18 au 19 novembre, par la brigade Ricciotti du corps de Garibaldi (650 fusils), sur **Châtillon-sur-Seine**, où se trouvait un détachement de troupes d'étapes. L'ennemi surpris perdit 13 hommes tués et 160 prisonniers.

Garibaldi fit une tentative imprudente sur **Dijon** (26 nov.) et dut rétrograder dans le Morvan.

Il repoussa ensuite avec succès une attaque sur **Autun** (1er décembre) et ne bougea plus.

---

1. Voir chapitre v.

2. Le général Cremer était un jeune capitaine d'état-major, évadé de Metz; son énergie et l'ardeur de ses sentiments républicains l'avaient signalé à l'attention du Gouvernement de la Défense nationale, qui le nomma général au titre auxiliaire.

3. Garibaldi était un célèbre révolutionnaire italien. En 1860, avec un corps d'un millier de volontaires, appelé les *Mille*, il avait débarqué en Sicile.

A cette époque, la Sicile et l'Italie méridionale formaient le royaume des Deux-Siciles avec Naples, pour capitale.

Les Garibaldiens battirent les troupes royales, se rendirent maîtres de la Sicile et passèrent ensuite en Italie. Ils renversèrent le roi de Naples, dont les États furent incorporés au royaume d'Italie.

Garibaldi attaqua ensuite les États de l'Église.

Combats de Nuits (30 novembre et 18 décembre). — Tout l'effort des Allemands se porta sur Cremer.

Le 30 novembre, Cremer avait arrêté à **Nuits** une forte reconnaissance ennemie.

Le 18 décembre, il soutint, de nouveau à **Nuits**, contre la division badoise commandée par le général de Werder lui-même, un vigoureux combat dans lequel il perdit environ 1 700 hommes.

L'ennemi subit des pertes à peu près égales et se retira sur Dijon, dans un grand désarroi.

En 1866, il combattit à *Mentana* contre les troupes françaises qui protégeaient le Pape.

Son nom étant un ralliement pour les républicains d'opinion avancée, ils le sollicitèrent de venir en France apporter son épée et son influence à la défense de la République. Il répondit à cet appel et le Gouvernement de la Défense nationale, n'osant refuser son concours, lui reconnut le grade de général.

Garibaldi était alors âgé de 63 ans, vieux et fatigué; il pouvait à peine se tenir à cheval et n'avait plus les qualités d'audace et d'activité qui avaient fait sa réputation de chef de partisans. Il fut souvent gênant. Il n'était possible de le mettre sous les ordres de personne, et aucune troupe française régulière ne pouvait être mise sous les siens.

Le noyau de sa division était formé par 2 000 à 3 000 volontaires italiens, à côté desquels se trouvaient des corps de toute espèce, sans aucune discipline, et dont quelques-uns commirent de déplorables excès.

Il y avait : une *légion espagnole*, des *chasseurs égyptiens*, une *guérilla d'Orient*, des *bataillons marseillais de l'Égalité*, des *francs-tireurs de la Mort*, des *enfants perdus de Paris*, etc.

Garibaldi avait pour chef d'état-major le colonel *Bordone*, pharmacien d'Avignon, ancien volontaire de l'expédition de Sicile.

Sa division était partagée en quatre brigades, commandées par ses deux fils *Menotti* et *Ricciotti*, par le général polonais *Bossak-Hauké*, brave soldat qui fut tué plus tard, et par le général auxiliaire *Delpech*, ancien comptable, qui avait été, en dernier lieu, préfet des Bouches-du-Rhône.

COMBAT DE VILLERSEXEL.

ARMÉE DE L'EST

Après l'insuccès des combats du commencement de décembre sur la Loire, lorsqu'il fut démontré qu'il était impossible de porter secours à Paris, le Gouvernement résolut de faire une grande diversion dans l'Est. Il conçut le projet de transporter de Bourges et de Nevers à Besançon une partie des troupes de l'ancienne Armée de la Loire, de faire lever le siège de Belfort, d'envahir l'Alsace, et de couper les communications de l'ennemi avec l'Allemagne. Le plan était grandiose; pour réussir, il fallait agir en secret et rapidement.

Les troupes destinées à cette opération prirent le nom d'*Armée de l'Est*. Le commandement en fut donné au général Bourbaki.

Elles comprenaient le 15e corps (Martineau des Chenez), le 18e (Billot), et le 20e (Clinchant), qui faisaient antérieurement partie de l'Armée de la Loire, le 24e corps (Bressolles), qui venait d'être formé à Lyon, et la division Cremer. L'effectif total était d'environ 140 000 hommes.

Les troupes de Garibaldi devaient coopérer à cette opération en occupant Dijon et en couvrant le flanc gauche de l'Armée.

Mais les dispositions furent mal prises; le transport en chemin de fer qui devait être terminé en trois jours, demanda près de trois semaines. Il y eut des encombrements inouïs; le trains se succédaient sur une ligne ferrée à une voie, sans pouvoir rétrograder après le débarquement des troupes.

Les magasins n'avaient pas été préparés; les convois n'étaient pas organisés, de sorte que les troupes, débarquées aux environs de Besançon, manquaient de vivres et étaient incapables de se mouvoir.

Il ne suffit pas à la guerre de faire de grands projets; il faut préparer les moyens matériels nécessaires à leur réussite, donner des ordres de détail précis, et pouvoir compter sur leur exécution formelle par tous les services. Il n'en était pas ainsi au milieu du désordre qui résultait inévitablement des formations hâtives et de l'inexpérience du commandement.

L'embarquement des troupes en chemin de fer avait commencé à Nevers, le 21 décembre.

Dès le 24 décembre, l'ennemi eut connaissance des mouvements qui s'effectuaient dans la direction de l'Est; mais il ne se rendait pas compte de leur objet.

Le général de Werder reçut l'ordre d'évacuer Dijon et de concentrer ses troupes (XIVe corps) du côté de Vesoul, tandis qu'une armée, dite *Armée du Sud*, composée du IIe et du VIIe corps, se réunissait rapidement à Châtillon-sur-Seine sous les ordres du général de Manteuffel.

Le 5 janvier seulement, le général Bourbaki, qui était à Besançon, put mettre son armée en marche dans la direction de Belfort.

Combat de Villersexel (9 janvier). — Le 9 janvier, au matin, une division allemande, qui couvrait le flanc droit du corps de Werder, attaqua **Villersexel** et s'en empara. La ville fut reprise après une lutte acharnée qui dura toute la nuit, au milieu des incendies. Le château pris, perdu, et repris, ne resta définitivement en notre pouvoir qu'à trois heures du matin; les Allemands battirent alors en retraite.

Les pertes furent d'un millier d'hommes du côté français; un peu moindres du côté allemand.

Le succès obtenu à Villersexel n'eut aucune conséquence.

Le général Bourbaki resta immobile le 10, s'attendant à une nouvelle attaque.

Le 11, la marche en avant fut reprise lentement.

Cependant, le général de Werder, dont les forces étaient très inférieures en nombre à celles du général Bourbaki, se montrait très préoccupé et demandait à lever le siège de Belfort. Le général de Moltke lui prescrivit, au contraire, de résister à tout prix et d'user de la dernière rigueur vis-à-vis des populations, si quelque agitation se produisait sur ses derrières. Il le prévint, en même temps, qu'il envoyait à son secours une armée sous les ordres du général de Manteuffel.

Le général de Werder fit alors organiser une forte ligne de résistance sur la Lisaine, petite rivière qui coule, du nord au sud, à l'ouest de Belfort. Une partie des grosses pièces de siège y furent amenées.

Le 13, il y eut un sérieux combat d'avant-garde à **Arcey**.

Le 14 se passa, de part et d'autre, en préparatifs.

Bataille d'Héricourt ou **de la Lisaine** (15, 16 et 17 janvier). — Les Allemands avaient environ 40 000 hommes, retranchés sur un front de 20 kilomètres, entre *Montbéliard* à leur gauche, *Héricourt* au centre, et le village de *Chenebier* à leur droite.

Le 15 au matin, l'armée française prit l'offensive; elle enleva la ville de Montbéliard, mais ne put s'emparer du château.

Le 16, la lutte recommença assez tard, à cause d'un brouillard épais. Partout, les troupes françaises se heurtèrent contre des positions extrêmement fortes.

A l'aile gauche seulement, vers la fin de la journée, la division Cremer s'empara du village de *Chenebier*. C'était là le point faible de la ligne allemande, et si Cremer avait été soutenu, l'aile droite des Allemands eût été écrasée et leurs positions tournées et perdues ; malheureusement, par suite de la neige et du verglas, les différents corps ne pouvaient que difficilement communiquer entre eux ; les chevaux de la cavalerie n'étaient pas ferrés à glace ; les reconnaissances étaient incomplètes ; les rapports et les ordres n'arrivaient pas en temps utile, et les généraux ne furent pas à même de se prêter un mutuel appui.

Le 17, au matin, avant le jour, les Allemands reprirent Chenebier. Ils en furent chassés de nouveau, mais le combat resta traînant toute la journée.

Sur d'autres points, entre autres à Héricourt, au château de Montbéliard, les attaques échouèrent.

Dans l'après-midi, le général Bourbaki, informé de l'approche de l'Armée allemande du Sud et constatant l'épuisement de ses soldats, donna l'ordre général de la retraite.

La retraite commença le 18 au matin.

L'armée française avait eu 8000 hommes hors de combat ; les Allemands, environ 2000.

Le but de la campagne était manqué et l'Armée de l'Est allait bientôt se dissoudre complètement dans les épreuves d'une pénible retraite à travers les neiges du Jura.

Retraite de l'Armée de l'Est.

Le général de Manteuffel avait réuni deux corps d'armée vers Châtillon-sur-Seine et en avait pris le commandement le 13 janvier.

Il traversa le plateau de Langres, entre Langres, dont la garnison était trop faible pour l'inquiéter, et Dijon, où se trouvait Garibaldi.

Combats de Dijon (21 et 23 janvier). — Le général de Manteuffel envoya un détachement de 4000 hommes environ pour masquer Dijon.

Le 21 et le 23 janvier, ce détachement livra deux combats acharnés contre les positions fortifiées du nord de la ville; il subit de grosses pertes [1], mais son attaque immobilisa le corps de Garibaldi tout entier, qui comptait alors 30 000 hommes et 60 canons.

Tandis que le XIVe corps (Werder) poursuivait l'armée française, qui se retirait sur Besançon dans un déplorable état de fatigue et de démoralisation, le général Manteuffel hâtait sa marche pour l'atteindre de flanc.

La division Cremer couvrait la retraite avec beaucoup d'énergie.

Le gouverneur de Besançon ayant fait fermer les portes de la ville devant cette multitude affamée, transie de froid, les soldats se répandirent dans les villages qu'ils pillaient. Le froid, les privations, la maladie décimaient les troupes, qui eurent à subir les plus cruelles souffrances.

Le général Bourbaki voulait essayer d'échapper à l'ennemi, en traversant les plateaux du Jura. Il donna Pontar-

---

1. Un drapeau fut pris aux Allemands. Le général Bossak-Hauké, du corps de Garibaldi, fut tué.

lier comme point de direction générale aux différentes colonnes, avec l'intention de gagner ensuite les routes qui vont au sud. Mais, accablé de douleur, désespéré de son impuissance à rétablir l'ordre, voyant son armée perdue, il essaya de se suicider.

Le général Clinchant le remplaça dans son commandement (27 janvier).

L'armée, à bout de forces, n'était plus capable de combattre; elle semait sur les routes couvertes de neige ses voitures, son artillerie, et des masses de traînards. Quelques engagements d'arrière-garde retardaient à peine la poursuite.

L'ennemi fut arrêté un instant par le canon des forts de **Salins** et perdit une centaine d'hommes, mais il tourna cet obstacle (26 janvier).

C'est en ce moment que l'armistice était conclu à Versailles. Les départements dans lesquels s'achevait l'agonie de la malheureuse Armée de l'Est, en avaient été exceptés, et, par une négligence incompréhensible, il ne fut pas fait mention de cette exception dans la dépêche adressée par le négociateur français à la Délégation de Bordeaux. Intentionnellement ou non, M. de Bismarck, qui contresigna la dépêche, ne fit pas réparer cette omission.

L'ordre de suspendre les hostilités, télégraphié de Bordeaux, arriva le 29 janvier, pendant un combat livré à **Chaffois**. Le feu fut suspendu; mais le général Manteuffel fit savoir au général Clinchant que l'armistice ne concernait pas son armée.

Le même jour (29 janvier), une division de 3000 hommes, surprise à **Sombacourt**, se laissa capturer par un seul bataillon, presque sans résistance, avec ses généraux et toute son artillerie.

Au reçu de l'avis de l'armistice, le général Clinchant

avait arrêté le mouvement de retraite et donné l'ordre de cantonner les troupes autant que le permettaient les ressources de ce pauvre pays. De son côté, l'ennemi, continuant sa marche, avait pu barrer les routes par lesquelles il eût été peut-être encore possible à l'armée française de se retirer dans la direction du sud. Maintenant, il ne restait plus d'autre alternative que de se réfugier en Suisse.

Le général Clinchant négocia avec le gouvernement helvétique l'internement de son armée.

Combat de la Cluse (1er février). — Une arrière-garde d'infanterie, commandée par le général Pallu de la Barrière, prit position au défilé de **la Cluse**, près de la frontière, au pied du fort de **Joux**. Elle soutint vaillamment, pendant toute la journée et pendant la nuit suivante, un combat acharné et meurtrier qui permit de sauver l'artillerie.

Le dévouement glorieux de cette poignée de braves gens, qui se sacrifièrent pour le salut de l'armée, fut le dernier acte de la guerre.

Les Allemands perdirent près de 400 hommes. Les Français eurent un millier d'hommes hors de combat.

90 000 hommes avec 300 canons passèrent la frontière et se réfugièrent en Suisse, où ils trouvèrent une sympathique et généreuse hospitalité.

Environ 10 000 hommes, dont la majeure partie de la division Cremer, réussirent à gagner Gex.

IX

LE SIÈGE DE PARIS

Depuis la bataille de Sedan et jusqu'à la fin de la guerre, tous les efforts des Allemands eurent pour objet principal de réduire Paris à capituler.

De même, tous les efforts des armées nouvelles formées sur les divers points de la France, tendaient à un seul but : la délivrance de Paris.

Les autres opérations ne furent qu'accessoires.

Le sort de la France paraissait donc lié à celui de sa capitale. C'est qu'en effet, depuis longtemps, le reste du pays était habitué à recevoir d'elle toute l'impulsion. L'idée ne pouvait venir à personne de consentir à la paix tant que Paris résisterait, et lorsque Paris dut capituler, il sembla qu'il était désormais impossible de continuer la guerre.

Organisation de la défense.

Le 17 septembre, les têtes de colonnes des Armées allemandes qui avaient combattu à Sedan commencèrent à arriver sur la Seine.

Paris était alors protégé par l'enceinte qui existe encore et par une ligne de forts, dont la distance moyenne à l'enceinte est seulement de 800 à 1000 mètres. Construites en 1840, ces fortifications n'étaient plus en rapport avec les portées nouvelles de l'artillerie et ne mettaient pas la ville à l'abri d'un bombardement [1].

D'ailleurs, personne ne croyait que Paris serait susceptible de résister à un blocus d'une quinzaine de jours, étant données les difficultés d'alimentation d'une population de deux millions d'habitants. L'activité déployée au dernier moment permit cependant de faire entrer des subsistances pour quatre mois.

Personne ne supposait non plus que la population aurait assez de calme pour permettre de prolonger longtemps la résistance.

Quelques hommes de désordre étaient, en effet, fort turbulents; néanmoins la majorité des habitants montrèrent la sagesse patriotique que les circonstances commandaient.

Paris résista jusqu'à sa dernière bouchée de pain.

---

1. ANCIENS FORTS :
Rive gauche de la Seine : Mont-Valérien, Issy, Vanves, Montrouge, Bicêtre, Ivry.
Rive droite : Charenton, Nogent, Rosny, Noisy, Romainville, Aubervilliers, Fort de l'Est et Double Couronne de Saint-Denis.

Le nombre des ouvrages de défense a été considérablement augmenté depuis 1870; on estime qu'il faudrait plus d'un million d'hommes pour en faire l'investissement.

FORTS NOUVEAUX :
Rive gauche : Ouvrages de Marly, Saint-Cyr et batteries annexes, Haut-Buc, Villeras, Châtillon, Palaiseau, les Hautes-Bruyères.
Rive droite : Villeneuve-St-Georges, Sucy, Champigny, Villiers, Vaujours, Stains, Écouen, Montmorency, Cormeilles.

SIÈGE DE PARIS.

Pl. XI.

Combat de Montmesly	17 septembre
d° Châtillon	19 d°
Fin de l'Investissement	20 d°
Combat de Villejuif	23 d°
d° Chevilly	30 d°
d° Bagneux	13 octobre
d° la Malmaison	21 d°
d° du Bourget	28 au 30 d°
Bataille de Champigny	30 nov. au 2 déc.
Combat de Montmesly	30 novembre
d° Choisy-le-Roi	30 d°
2° Combat du Bourget	21 décembre

Commencement du bombardement des forts du front est et du Plateau d'Avron	27 décembre
Commencement du bombardement des forts du front sud et de la Ville	5 janvier
Bataille de Montretout	19 d°
Capitulation et armistice	28 d°
L'Assemblée nationale accepte les conditions de paix	1er mars
Traité de Francfort	10 mai

Échelle = 1:250.000

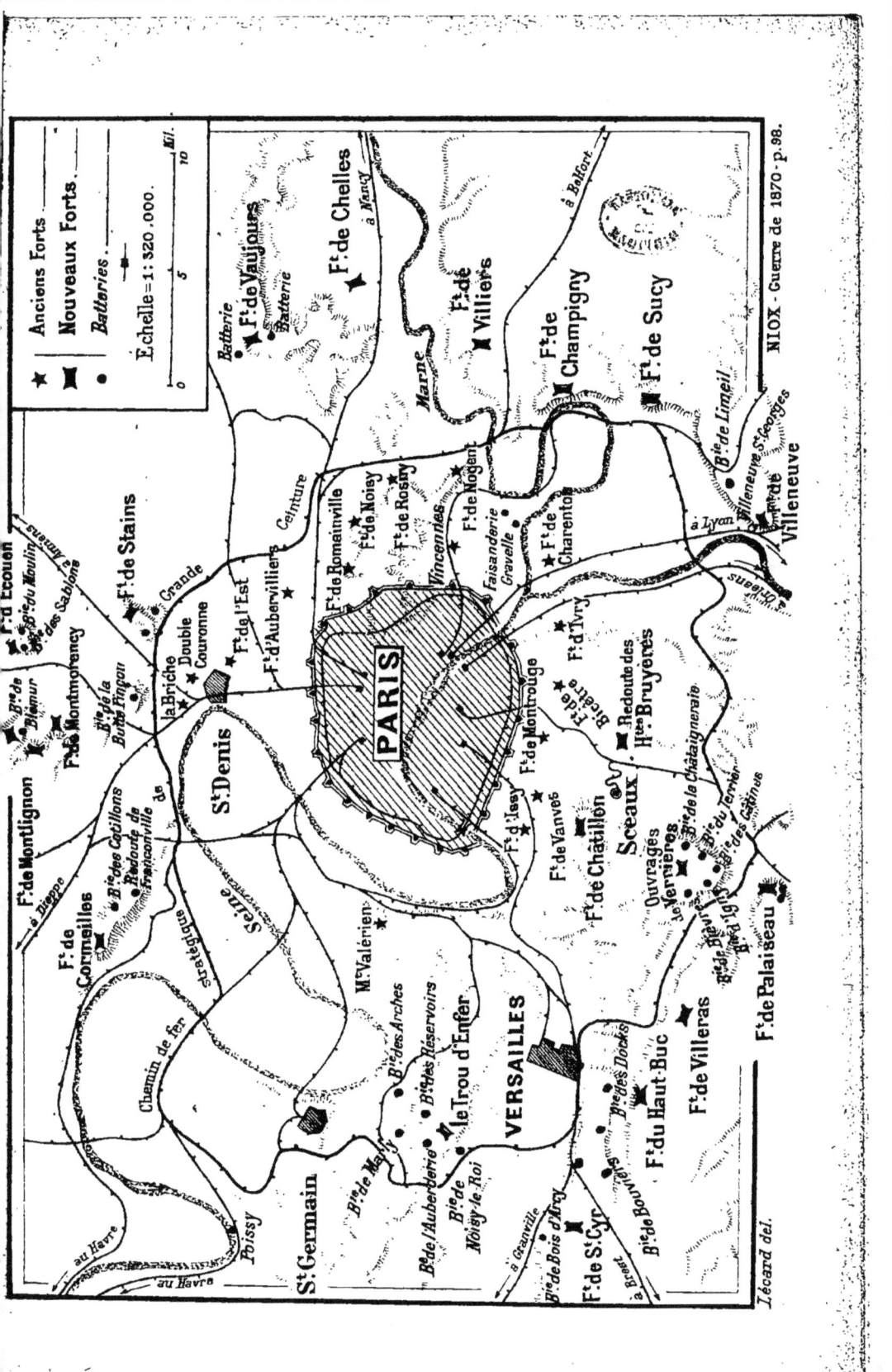

Il n'y avait ni armes ni munitions en quantité suffisante. Les armes, les munitions, les canons même, furent fabriqués par l'industrie parisienne. Des souscriptions, des dons volontaires contribuèrent à la fabrication de l'artillerie.

A la fin de septembre, la défense disposait de 800 canons de campagne et de 2400 pièces de rempart. Plus de 500 000 hommes furent armés, mais, dans cette multitude, il n'y avait guère que 60 000 soldats à peu près instruits. Le reste donnait l'illusion du nombre.

Lorsque les avant-gardes allemandes se présentèrent devant Paris, les forces de la défense étaient loin d'être organisées. Elle comprenaient :

Des troupes actives formées de dépôts, de régiments de marche, de marins, etc. ;

Des gardes nationales mobiles ;

Des gardes nationales sédentaires ;

Des corps francs.

Troupes actives. — Leur effectif était de 90 000 hommes environ, sous le commandement du général Ducrot [1], ainsi répartis :

1° — Le 13° corps d'armée (général Vinoy). Ce corps n'avait pu rejoindre l'armée du maréchal de Mac-Mahon. Au moment de la bataille de Sedan, il venait d'arriver à Mézières et il avait échappé au désastre par une retraite rapide.

Il comptait une belle brigade (35° et 42° régiments d'infanterie) qui revenait de Rome et qu'on appelait *la Brigade*

---

1. Le général Ducrot, fait prisonnier par la capitulation de Sedan, n'avait pas engagé sa parole. Ayant réussi à tromper la surveillance des Allemands, il était revenu à Paris.

des Drapeaux, parce que, seule, elle avait ses drapeaux. C'étaient les seuls régiments réguliers, — 28 000 hommes ;

2° — Le 14ᵉ corps (général Renault), formé avec des dépôts, — 30 000 hommes ;

3° — Des douaniers, des forestiers, des gendarmes, des sergents de ville, — environ 12 000 hommes ;

4° — Neuf régiments de marche de cavalerie ;

5° — 15 000 marins.

Garde nationale mobile. — Son organisation avait été à peine ébauchée. Elle comprenait :

1° — Des mobiles des départements sans instruction militaire, formés les uns en bataillons, les autres en régiments ; quelques-uns acquirent cependant une réelle valeur, — 100 000 hommes ;

2° — Les mobiles de Paris. Au début, ils montrèrent peu de discipline, mais, dans la suite, la plupart firent bravement leur devoir, — 35 000 hommes.

Garde nationale sédentaire. — Avant la guerre, l'effectif de la garde nationale de Paris s'élevait à environ 60 000 hommes ; c'étaient des bourgeois, équipés et armés pour des revues de parade, et qui ne pouvaient être considérés comme troupes de combat.

Au commencement du siège, on inscrivit sur les contrôles tous ceux qui se présentèrent ; plus de 300 000 hommes reçurent des fusils et, parmi eux, dit-on, 25 000 repris de justice. Tous ces hommes étaient loin de représenter des éléments utiles pour la défense ; beaucoup étaient, au contraire, fort dangereux.

Vers la fin d'octobre, des bataillons de marche de la garde nationale, appelés aussi bataillons de guerre, furent constitués avec des célibataires ou des volontaires. Ils devaient prendre part aux sorties, tandis que les autres restaient affectés à la garde des remparts [1].

Corps francs. — Il se forma aussi de nombreux corps francs.

A part quelques exceptions très honorables [2], ceux qui les composaient, souvent désireux d'échapper à toute discipline et à toute subordination régulière, ne rendirent guère de services.

Le général Trochu, président du gouvernement provisoire, commandait en chef.

---

1. Dans les grandes villes comme Paris, il y a toujours beaucoup de gens, les uns malheureux, les autres criminels, habitués à vivre en dehors de tout devoir. Ce sont les irréguliers de la vie; ils se plaisent au désordre. Les opinions politiques leur sont assez indifférentes; mais, par tempérament, ils sont toujours en guerre permanente contre la société, et toujours prêts à suivre les agitateurs lorsqu'il y a quelque mal à faire. Le courage ne leur manque souvent pas, mais ils sont peu disposés à en faire preuve pour la même cause que les honnêtes gens. Ces hommes devaient être dangereux et il avait été imprudent de leur donner des armes, sans pouvoir les soumettre à une discipline suffisante. Pendant le siège, ils constituèrent une sorte d'armée insurrectionnelle qu'il fallait surveiller, et grâce à laquelle les partis révolutionnaires tentèrent plusieurs coups de main pour s'emparer du pouvoir.

Après la capitulation, ils restèrent en armes; ce furent eux qui formèrent l'armée de la *Commune* et qui donnèrent l'odieux spectacle de la guerre civile, en présence des Allemands encore campés devant Paris.

Les divers bataillons de la garde nationale présentaient donc de grandes différences. Les uns étaient désignés sous le nom de bataillons du parti de l'ordre; les autres, sous celui de bataillons révolutionnaires. Les bataillons de guerre même étaient fort dissemblables, et les officiers, nommés à l'élection, représentaient l'esprit de leurs troupes, tantôt bon, tantôt très fâcheux. Il fallut, plusieurs fois, destituer des officiers qui manquaient de courage au feu et d'autres qui donnaient le spectacle attristant de la plus honteuse ivresse.

2. Tels que les *Éclaireurs à cheval de la Seine* du commandant Franchetti, les *Francs-tireurs de la Presse*, et quelques autres.

Investissement. — Les armées allemandes investirent Paris, en passant la Seine, en aval, du côté de Poissy, et, en amont, à Villeneuve-Saint-Georges et à Corbeil [1].

Les forces de la défense étaient encore trop insuffisamment organisées pour qu'il fût possible de s'opposer à l'investissement [2].

Combat de Montmesly (17 sept.). — Un engagement, de peu d'importance d'ailleurs, eut lieu à **Montmesly** le 17 septembre.

Combat de Châtillon (19 sept.). — Le 19 septembre, le général Ducrot, voulant conserver les hauteurs de Châtillon, de Meudon et de Montretout, attaqua les colonnes allemandes pendant leur marche de Choisy-le-Roi à Versailles.

Ce début ne fut pas heureux. Aux premiers coups de feu, un régiment de zouaves de marche [3], régiment de nouvelle formation et qui n'avait de zouave que le nom et l'uniforme, se débanda dans les bois de Meudon, et s'enfuit jusqu'à Paris, y portant la panique. Il entraîna avec lui la division dont il faisait partie.

Après cette malheureuse affaire, qui coûta environ 600 hommes, dont 100 tués, et 8 canons perdus, le gouverneur décida d'abandonner les ouvrages de défense extérieure commencés sur différents points. Tous les ponts de

---

1. Le roi Guillaume et le grand quartier général de l'armée allemande s'installèrent à Versailles, le 7 octobre. A la fin d'octobre, l'armée d'investissement comptait environ 200 000 hommes et 700 canons.

2. Tel était le désordre causé par les agitations politiques que, le 19 septembre, le jour même du combat de Châtillon, les mobiles furent appelés à nommer leurs officiers à l'élection. Il faut reconnaître d'ailleurs que la plupart des anciens officiers furent élus. Cependant, le 20 septembre, au matin, un bataillon de mobiles de la Seine, après avoir destitué ses officiers, abandonna le Mont-Valérien qu'il était chargé de garder et le fort resta quelques heures sans défenseurs.

3. Ce régiment se réhabilita dans la suite.

la Seine furent coupés, à l'exception de ceux de Neuilly et d'Asnières, qui établissaient la communication avec le Mont-Valérien.

A partir du 20 septembre, l'investissement étant complet, les relations avec l'extérieur furent interrompues; cependant quelques échanges de correspondance purent être établis au moyen de ballons expédiés de Paris et de pigeons voyageurs envoyés de province [1].

Cette absence de nouvelles régulières, l'ignorance de ce qui se passait à l'extérieur étaient des plus pénibles. Des bruits mensongers se répandaient dans la population et contribuaient à exciter les esprits tantôt dans un sens, tantôt dans un autre; ils faisaient naître parfois de fausses espérances auxquelles succédaient de tristes découragements.

Toutefois la population montrait, en général, les dispositions les plus fermes; elle comptait sur le secours des armées qui s'organisaient dans les départements.

Combat de Villejuif (23 sept.). — Pour éloigner les lignes d'investissement, le gouverneur prescrivit de reprendre le plateau de Villejuif, au sud de Paris.

Les redoutes des *Hautes-Bruyères* et du *Moulin-Saquet* furent réoccupées.

Combat de Chevilly (30 sept.). — Le 30 septembre, le 13ᵉ corps (Vinoy), 20 000 hommes environ, attaqua les

---

[1]. 65 ballons partirent de Paris pendant le siège.
Les ballons réussirent, pour la plupart, à échapper à l'ennemi. Trois seulement furent pris par les Allemands. Plusieurs allèrent atterrir fort loin, à l'étranger; l'un d'eux tomba en Norvège; un se perdit en mer.
Les ballons emportaient des pigeons voyageurs qui rapportaient des nouvelles. Les dépêches étaient réduites par la photographie, de manière qu'une page tenait dans quelques millimètres. Un seul pigeon pouvait ainsi porter des correspondances nombreuses, qui étaient ensuite amplifiées pour être lues.

villages de Chevilly et de l'Hay ; mais les défenses en étaient formidables, l'attaque échoua.

Les pertes furent notables : 2000 Français, 400 Allemands hors de combat. Le général Guilhem, tué.

Combat de Bagneux (13 octobre). — Le 13 octobre, le 13ᵉ corps (25 000 hommes) exécuta une grande reconnaissance offensive sur les villages de Bagneux et de Châtillon. Comme le 30 septembre, les troupes eurent très belle attitude.

Ce combat coûta 400 hommes de part et d'autre.

Combat de la Malmaison (21 octobre). — Le 21 octobre, une opération plus importante eut lieu du côté de l'ouest. Les troupes de sortie, sous les ordres du général Ducrot, comptaient 10 000 hommes environ, choisis dans tous les régiments.

Ce fut un des épisodes les plus honorables du siège.

La Malmaison et Buzenval furent enlevés. Les troupes montrèrent la plus grande vaillance et s'honorèrent, sur bien des points, par des actes véritablement héroïques. L'intention n'étant pas de pousser l'offensive à fond, elles se replièrent en ordre devant les retours offensifs de l'ennemi, qui amena des forces supérieures.

De part et d'autre, les pertes s'élevèrent à environ 500 hommes, dont 150 morts.

Premiers combats du Bourget (28 et 30 octobre). — Du côté nord de Paris, un coup de main heureux nous rendit maîtres du Bourget, le 28 octobre.

Mais la disposition des maisons du village ne permettait pas à la défense de s'y maintenir. Les Allemands reprirent le Bourget le 30 octobre, après un sanglant combat.

Les Français perdirent plus de 1200 hommes hors de combat et les Allemands environ 500.

COMBAT AUX ENVIRONS DE PARIS

La nouvelle de la capitulation de Metz parvint à ce moment à Paris; l'insuccès du dernier combat du Bourget augmenta l'exaspération des esprits. Les hommes de désordre en profitèrent. Une sédition éclata.

Le 31 octobre, 8 000 hommes de garde nationale se portèrent sur l'Hôtel de Ville et tinrent prisonniers les membres du gouvernement, pendant une partie de la journée. D'autres troupes arrivèrent et purent les dégager; mais ce fut une grande tristesse et une grande inquiétude de voir qu'en présence de l'ennemi de pareilles tentatives d'insurrection pouvaient se produire. Craignant qu'une répression trop rigoureuse en augmentât le danger, le gouvernement se contenta de destituer quelques commandants de bataillon, et crut nécessaire de consolider son autorité, en consultant par un vote, non seulement la population, mais aussi l'armée.

Tandis que les troupes allemandes, fortement disciplinées, montraient à leur roi un dévouement absolu, l'armée française de Paris est ainsi troublée par les passions politiques, et le Gouvernement de la Défense nationale, issu d'une révolution, manque de confiance et doute de l'obéissance. La direction de la défense devait en être fâcheusement influencée.

Le vote populaire ayant été favorable, le gouverneur ordonna de nouvelles mesures pour préparer des sorties.

Cependant quelques pourparlers d'armistice avaient eu lieu; mais, l'ennemi exigeant la remise d'un fort et n'ayant pas voulu consentir à laisser ravitailler Paris pendant l'armistice, les négociations ne continuèrent pas.

Les forces de la défense furent alors réparties en trois Armées :

La 1re Armée, formée de la garde nationale, sous les ordres du général Clément Thomas [1];

---

1. Clément Thomas avait été député et colonel de la garde nationale en 1848. C'était un vieux républicain, honnête et énergique. Il fut assassiné pendant la Commune.

La 2ᵉ Armée, plus particulièrement destinée aux sorties, forte de 100 000 hommes, sous les ordres du général Ducrot;

La 3ᵉ Armée, sous les ordres du général Vinoy.

Un corps d'armée séparé, formé, en grande partie, de marins, sous les ordres de l'amiral de la Roncière.

De grands préparatifs furent commencés pour une opération dans la direction du nord. Mais, la nouvelle de la victoire de Coulmiers étant arrivée le 14 novembre, le gouverneur modifia ses projets et, dans l'espoir de donner la main à l'Armée de la Loire, il décida que la sortie s'effectuerait sur le front sud.

Il fit partir un ballon pour en prévenir la Délégation de Tours [1].

Bataille de Champigny (du 30 novembre au 2 décembre). — L'Armée du général Ducrot devait passer la Marne, le 29 novembre, dans la boucle de la rivière entre Joinville et Bry.

Une crue ayant gêné la construction des ponts, le passage ne s'effectua que le 30 novembre; malheureusement, la veille, plusieurs démonstrations avaient été faites sur divers points, et les Allemands, ainsi prévenus, se tenaient sur leurs gardes.

L'attaque fut menée très vigoureusement; mais toutes les difficultés n'ayant pu être prévues, les mouvements des colonnes ne se firent pas avec la précision désirable. Certaines fractions attaquèrent trop tôt, d'autres arrivèrent trop tard. Leurs efforts restèrent décousus.

---

[1]. Il a été dit plus haut que ce ballon alla tomber en Norvège et que la dépêche arriva à Tours très tardivement.

L'ennemi avait organisé une ligne de résistance extrêmement forte.

Le parc de *Villiers*, particulièrement, était transformé en une véritable citadelle dont les feux battaient les glacis en avant. Plusieurs attaques, héroïquement répétées, vinrent échouer devant cette position. A la nuit tombante, le combat cessa; nous restâmes maîtres de Champigny et de Bry.

Environ 50 000 hommes avaient été engagés de part et d'autre.

Les Français eurent 4000 hommes environ hors de combat; les Allemands moitié moins.

Tandis que la bataille principale se livrait à Champigny, une offensive était également dirigée sur **Montmesly** et une autre sur **Choisy-le-Roi**.

Ces deux actions, insuffisamment liées entre elles et avec l'action principale, n'eurent aucun résultat. Le combat de Montmesly avait été cependant très sérieux.

Les troupes françaises perdirent, à Choisy, une centaine d'hommes hors de combat; à Montmesly, environ 1200 hommes dont 130 morts; les Allemands, environ 500 hommes.

Le froid, dans la nuit suivante, fut exceptionnellement rigoureux.

Pendant la journée du 1er décembre, les troupes se reconstituèrent et reçurent des ravitaillements.

La nuit du 1er au 2 décembre fut encore plus rude : 10° au-dessous de zéro.

La bataille recommença le 2 décembre. Les Allemands reprirent partout l'offensive, sans réussir à enlever nos positions.

Une quatrième nuit dut être passée au bivouac, par une température glaciale.

Le 3 au matin, voyant l'état lamentable de ses soldats,

LE LENDEMAIN DE CHAMPIGNY

cruellement éprouvés par le froid et épuisés de fatigue, le général Ducrot les ramena de l'autre côté de la Marne. La retraite se fit en ordre.

Les pertes du 30 novembre au 3 décembre furent d'environ 12 000 hommes, dont 2000 tués, 800 blessés, et 2000 disparus; celles de l'ennemi, moitié moindres.

Le 5 décembre, l'état-major allemand fit connaître au gouverneur de Paris le résultat des batailles livrées près d'Orléans et la réoccupation de cette ville. C'était, en réalité, une sorte d'avance pour de nouvelles négociations. Mais ces malheurs ne firent que surexciter le patriotisme. Un nouveau plan de sortie fut préparé dans la direction du Bourget.

Deuxième combat du Bourget (21 décembre). — Le 21 décembre, l'armée de Paris attaqua le Bourget.

Le combat fut acharné dans le village; marins et soldats rivalisaient d'ardeur; mais que faire devant des murs que l'artillerie ne parvenait pas à démolir? En outre, un certain nombre de projectiles lancés par le fort d'Aubervilliers tombaient dans les rangs français. Il fallut battre en retraite.

Cette affaire coûta un millier d'hommes.

Cependant les rigueurs de l'hiver augmentaient chaque jour. Le froid atteignit 14° au-dessous de zéro. Plusieurs centaines d'hommes eurent les membres gelés; les troupes durent être ramenées dans des cantonnements.

Bombardement. — C'est alors que commença le bombardement, jusqu'alors retardé par la difficulté du transport des lourds canons et de leurs munitions.

La longue résistance de Paris, les efforts continuellement répétés pour briser le blocus surprenaient les Allemands. Ils n'étaient pas à même d'entreprendre un siège en règle. Ils pensaient, d'ailleurs avec raison, que s'emparer de quelques forts et faire brèche dans l'enceinte ne les avancerait guère, et ils redoutaient de s'engager ensuite dans une guerre de rues. Attendre que la ville capitulât par la famine pouvait être encore long. Le bombardement fut résolu et l'Allemagne accueillit avec une joie sauvage la nouvelle que Paris allait être brûlé.

Le 27 décembre, les Allemands concentrèrent leur tir sur les forts de l'est et sur le plateau d'**Avron**, où la défense avait réuni 72 pièces d'artillerie. La position étant devenue intenable, elle fut désarmée et évacuée avec le plus grand ordre, dans la nuit du 28 au 29 décembre.

Des batteries de bombardement avaient été également construites sur la butte de *Brimborion* (au-dessus du pont de Sèvres), sur la terrasse de *Meudon*, sur les hauteurs de *Clamart*, de *Châtillon*, de *Fontenay*.

275 pièces ouvrirent le feu, le 5 janvier, contre les forts du sud; puis, elles lancèrent leurs projectiles sur les quartiers de la rive gauche.

Les forts d'Issy, de Vanves, celui de Montrouge surtout, souffrirent beaucoup. Leurs murailles furent ruinées; mais les marins, qui en formaient la garnison, montraient une admirable contenance; chaque nuit, ils réparaient les brèches de la veille. Après un mois de bombardement, les forts étaient encore en état de résistance [1].

L'ennemi tirait aussi sur le front nord.

---

1. Au moment de la capitulation, lorsque les Allemands entrèrent dans les ouvrages, ils ne purent s'empêcher d'admirer l'énergie de cette défense et lui rendirent un hommage mérité.

Les batteries jetaient, chaque jour, 200 à 300 obus sur la ville [1]. Paris supporta avec la plus grande fermeté et même avec une certaine insouciance ce bombardement, qui dura, presque sans interruption, pendant vingt-trois jours. Quelques familles s'installèrent dans les caves. Beaucoup d'autres ne changèrent rien à leurs habitudes. L'effet moral fut nul.

Mais les vivres s'épuisaient. La ration était réduite, pour les habitants, à 300 grammes de *pain de siège* [2] et à 30 grammes de viande de cheval.

Cependant, une partie de la garde nationale demandait à faire une sortie. Beaucoup d'hommes de cœur n'avaient pas vu le feu, ni combattu l'ennemi en face ; il leur semblait qu'il restait quelque chose à faire pour remplir tout leur devoir vis-à-vis de la Patrie. Ils n'avaient guère l'espoir de vaincre, mais, avant de succomber, ils voulaient livrer un dernier combat. C'est ainsi que le soldat blessé sur le champ de bataille tire sa dernière balle avant de mourir.

Le général Trochu se résigna à donner les ordres pour une grande sortie dans la direction de Buzenval, sans d'ailleurs se faire aucune illusion sur le résultat possible.

Bataille de Montretout-Buzenval (19 janvier). — Dans la nuit du 18 au 19 janvier, 90 000 hommes se massèrent au pied du Mont-Valérien, en trois colonnes, chacune comprenant des gardes nationaux, des mobiles et des troupes de ligne ; le général Vinoy commandait l'aile gauche ; le général de Bellemare, le centre ; le général Ducrot, la droite.

---

1. Du 5 au 26 janvier 3700 projectiles tombèrent dans Paris. Environ 400 personnes furent atteintes. C'était, en définitive, fort peu sur une population de plus de deux millions d'âmes. Les dégâts furent relativement peu importants.

2. Le pain de siège était fabriqué avec du blé mélangé de riz et d'autres grains.

Le 19, au matin, le général Vinoy enleva la redoute de Montretout et le parc de Buzenval, mais le mouvement de l'aile droite se fit tardivement; l'artillerie, retardée par l'encombrement des routes, puis embourbée dans les terrains détrempés, ne fut pas à même d'appuyer les attaques de l'infanterie. Les murs du parc, que le canon ne pouvait battre, étaient des obstacles infranchissables.

Il y eut, en certains points, une extrême confusion; quelques bataillons lâchèrent pied. Des gardes nationaux, se troublant sous la pluie de balles qu'ils recevaient pour la première fois, tiraient au hasard, sur amis et ennemis.

Bien que les retours offensifs des Allemands eussent été arrêtés et que la redoute de Montretout restât en notre pouvoir, la retraite dut être ordonnée à la nuit tombante. Dans l'obscurité, elle dégénéra en débandade.

Les pertes dépassèrent 4000 hommes dont le tiers tués. Les Allemands n'avaient eu qu'environ 600 hommes hors de combat.

Ce fut le dernier acte de la résistance, le dernier effort possible pour l'honneur du drapeau.

Proclamation de l'Empire allemand. — Le 18 janvier, la veille de ce suprême effort tenté par l'Armée de Paris, le roi de Prusse avait été proclamé *Empereur allemand*, dans les salles du palais de Versailles, en présence de tous les princes de l'Allemagne. C'est sur la terre de France, dans l'ancien palais de ses rois, qu'était consacrée la suprématie prussienne sur l'Allemagne entière. On a dit, avec raison, qu'il y avait du sang français dans le ciment qui a servi aux fondations de l'Empire allemand.

Le 22 janvier, une nouvelle insurrection éclata dans Paris.

Le général Trochu, que l'opinion publique rendait injustement responsable de l'insuccès de la sortie du 19, remit le commandement au général Vinoy ; il conserva, d'ailleurs, la présidence du gouvernement. Par ses mesures énergiques, le nouveau commandant en chef comprima rapidement l'émeute qui essaya, comme le 31 octobre, de se rendre maîtresse de l'Hôtel de Ville.

Le 23 janvier, les négociations d'armistice commencèrent. Paris n'avait plus que pour dix jours de pain et moins encore de viande de cheval.

Capitulation de Paris. — Le 28 janvier, la capitulation fut signée en même temps qu'un armistice de vingt et un jours, qui devait expirer le 19 février et qui fut ensuite prolongé.

L'armistice était étendu à la province ; mais le négociateur français [1], bien qu'il n'ignorât pas la situation critique des troupes du général Bourbaki, consentit, comme

---

1. C'était M. Jules Favre, membre du Gouvernement.

on l'a vu précédemment, à une clause qui en exceptait Belfort et les départements du Doubs, du Jura, de la Haute-Saône et de la Côte-d'Or; il négligea de prévenir de cette restriction la Délégation du Gouvernement en province et M. de Bismarck ne rectifia pas cette omission.

Les Allemands eurent ainsi la possibilité d'achever la ruine de l'Armée de l'Est.

Il fut convenu que les troupes de la garnison de Paris seraient désarmées, à l'exception d'une division de 12 000 hommes et de 3500 gendarmes pour le maintien de l'ordre. La garde nationale conserva ses armes. Les partis révolutionnaires eurent ainsi la possibilité de préparer la guerre civile de la Commune.

Le 29 janvier, les Allemands prirent possession des forts extérieurs. 600 canons de campagne, environ 1400 pièces de place et 177 000 fusils leur furent livrés.

Paris dut payer une contribution de guerre de 200 millions.

Les pertes du siège ont été évaluées à 4000 tués, 15 000 blessés, 5000 disparus. Les Allemands eurent environ 12 000 hommes hors de combat.

Ces pertes sont relativement faibles, si on les compare à celles d'une seule des journées de bataille du 16 et du 18 août.

La population parisienne avait supporté avec constance les épreuves de ce long blocus et encouragé le gouvernement à la résistance. Les agitateurs provoquèrent, il est vrai, à plusieurs reprises, des séditions criminelles; cependant il est juste de rappeler que, si leur but était de s'emparer du pouvoir, ils n'avaient pas l'intention de hâter la reddition.

Bien des esprits étaient surchauffés et malades; de plus, dans une si grande agglomération d'hommes, il se trouvait des gens de désordre et des bandits prêts à tous les crimes; ce furent eux qui formèrent plus tard les bataillons de *fédérés* de l'armée de la Commune, entraînant un trop grand nombre d'égarés qui ne savaient ce qu'ils faisaient.

Lorsque de grands malheurs accablent ainsi un pays on est trop souvent disposé à ne voir que les faiblesses des uns et les fautes des autres. Il faut honorer cependant ceux qui, sans regarder en arrière, se dévouèrent généreusement et payèrent de leur sang la dette à la Patrie. Le nombre en fut grand.

Dans les combats autour de Paris comme dans ceux livrés par les armées de province, les hommes de cœur n'ont jamais manqué au premier rang.

A peine la paix était-elle signée que, le 18 mars, les partis révolutionnaires proclamaient la *Commune* à Paris et arboraient le drapeau rouge.

Le gouvernement se retira à Versailles avec toutes les troupes et fit même abandonner les forts, à l'exception du Mont-Valérien.

Les généraux Clément Thomas et Lecomte furent massacrés. Des otages pris dans la haute société, l'archevêque de Paris, plusieurs prêtres, de malheureux sergents de ville et des gendarmes, qui n'avaient pas quitté Paris, furent fusillés.

Lorsque la résistance leur devint impossible, les fédérés allumèrent des incendies, brûlèrent le palais des Tuileries, l'Hôtel de Ville, le Ministère des finances, etc.

Le 25 mai seulement, après de sanglants combats, l'armée reprit possession de Paris; la répression fut rigoureuse, mais pouvait-elle être trop sévère pour punir les crimes commis et dont la seule excuse doit être cherchée dans une sorte de folie et d'exaspération, causées par les événements de la guerre et la longue durée du siége?

X

SIÈGES DES FORTERESSES

Pour compléter ce récit, il reste à parler du rôle des places fortes.

Dans les anciennes guerres du temps de Louis XIV et de Louis XV, l'effectif des armées dépassait rarement 30 à 40 000 hommes. Le but de toute une campagne se bornait souvent à la prise d'une ou de deux petites places. Puis, les troupes s'établissaient dans des quartiers d'hiver et, au printemps, recommençaient les opérations.

Mais, ni en 1814, ni en 1815, les places fortes françaises n'avaient arrêté le flot des grandes armées de l'invasion. Cependant, la plupart des petites forteresses qui bordaient la frontière, avaient été conservées. C'était une erreur.

Personne ne comptait qu'elles fussent en état de résister aux engins de l'artillerie nouvelle; par conséquent, elles ne protégeaient en rien le territoire national; elles ne pouvaient même pas retarder la marche des armées ennemies, qui se bornaient à laisser un détachement pour masquer leurs trop faibles garnisons; la reddition en était inévitable après un bombardement de plus ou moins de durée.

Il en résultait des pertes d'hommes et de matériel, et l'ennemi remportait ainsi des victoires faciles, tandis que nous avions à subir une suite d'humiliations douloureuses.

Au début de la guerre, non seulement les forteresses

n'étaient pas à l'abri d'un bombardement, mais la plupart n'étaient pas même en état de défense et n'avaient pas de garnisons constituées.

Après les premières grandes batailles autour de Metz, les Allemands organisèrent une sorte de parc de siège ambulant, qui se promenait d'une place à l'autre et les cueillait successivement. Trop souvent, ils se servirent de canons français, ainsi tombés entre leurs mains, pour bombarder d'autres villes françaises. C'est une histoire triste à raconter.

A quoi bon résister, disait-on ? cela ne changera rien au résultat; on fera tuer inutilement soldats et habitants; la ville sera brûlée et exposée aux violences de l'ennemi. Mieux vaut négocier comme ont fait les autres, qui étaient plus capables que nous de se défendre — et l'on capitulait.

On capitulait sans noyer les poudres, sans briser l'armement, sans enclouer les canons, et la garnison s'en allait en Allemagne, augmenter le nombre des prisonniers de guerre [1].

Les gouverneurs des forteresses étaient, pour la plupart, de vieux officiers, nullement à hauteur des devoirs imprévus qui leur incombaient, avec des places mal armées et des garnisons sans valeur militaire. Ils oublièrent qu'il n'est permis à une place assiégée d'écouter aucune proposition de l'ennemi, ni d'avoir aucun pourparler avec lui. Quels que soient les périls auxquels est exposée la population, une place ne doit pas se rendre tant qu'il lui reste un morceau de pain à manger et un coup de canon à tirer.

Et, lorsque la résistance n'est plus possible, il faut détruire tout le matériel et ne réclamer aucune condition.

---

1. Après la guerre, une commission d'enquête eut la mission d'examiner la conduite des commandants des forteresses. Presque tous furent sévèrement blâmés.

Le sort de **Metz** se trouva lié à celui de l'armée qui s'était réfugiée sous ses murs. Ses fortifications ne servirent à rien, et la place fut obligée de capituler par la famine sans avoir été attaquée.

La Petite Pierre, petit fort des Vosges, était gardée par une trentaine d'hommes commandés par un sergent-major, qui détruisit le matériel et parvint à rejoindre l'armée (8 août).

Lichtenberg, autre petit fort des Vosges, avait 200 hommes et 7 vieux canons. Il résista à un bombardement de deux jours et capitula après avoir détruit son matériel (10 août).

Marsal, petite ville avec de vieilles fortifications, était défendue par une garnison de 600 hommes, sans un artilleur. La place tira un seul coup de canon; puis elle se rendit (14 août).

Vitry n'avait pour garnison qu'un millier de mobiles, qui évacuèrent la place sans la défendre (25 août).

La citadelle de **Laon** capitula sans résistance. Au moment de la reddition, l'explosion d'une poudrière, due soit à un accident, soit à un acte de désespoir, tua ou blessa 200 Français et 100 Allemands (19 septembre).

Toul résista à deux coups de main, tentés le 16 et le 17 août. La place subit ensuite deux bombardements avec de l'artillerie de campagne, l'un le 23 août, l'autre du 10 au 12 septembre.

Les Allemands amenèrent plus tard un matériel de siège, qu'ils renforcèrent avec des canons français pris à Marsal. La place fut alors violemment bombardée pendant deux jours. Elle avait 2500 hommes de garnison, dont

15 artilleurs; elle reçut 12000 obus; la ville était en feu lorsqu'elle se rendit, le 23 septembre; les remparts étaient encore intacts.

Strasbourg (9 août-26 septembre). — Strasbourg était une grande place comme Metz, mais son armement était incomplet. Sa garnison comptait 17000 hommes.

Aussitôt après la bataille de Frœschwiller, la division badoise avait été dirigée sur Strasbourg; elle arriva devant la place le 9 août. L'investissement fut complet le 16.

Les Allemands commencèrent le siège régulier le 26 août. Malgré un furieux bombardement[1], la place, commandée par le général Uhrich, ne se rendit qu'après quarante-six jours de siège régulier, une brèche étant ouverte au corps de place (26 septembre).

La garnison perdit 700 hommes tués ou blessés; la population civile, qui fit preuve des plus ardents sentiments de patriotisme, eut 300 morts et 800 blessés.

Après la prise de Strasbourg, les Allemands assiégèrent successivement les autres places fortes de l'Alsace et de la Lorraine et quelques forteresses de l'intérieur.

Soissons avait 5000 hommes de garnison. La place se rendit après un bombardement de trois jours; son matériel était intact (15 octobre).

Schlestadt, — 5000 hommes de garnison, — capitula après un bombardement de cinq jours (23 octobre).

Verdun fut bombardé sans résultat pendant trois jours (13 au 15 octobre) avec des canons français pris à Toul et à Sedan. La garnison essaya quelques sorties. Après la capitulation de Metz, les Allemands se disposaient à

---

1. Plus de 190000 projectiles furent jetés sur la ville; 600 maisons furent brûlées

BOMBARDEMENT DE STRASBOURG

en commencer le siège régulier, lorsque la place capitula avec 6000 hommes (8 novembre) [1].

Neuf-Brisach, — 5000 hommes de garnison, — capitula après un bombardement de huit jours (10 novembre).

Thionville, — 4000 hommes de garnison ; — bombardée pendant trois jours, la place reçut 25 000 projectiles ; elle capitula (24 novembre).

La Fère, — 2500 hommes de garnison. — Investie le 15 novembre, la place capitula après un bombardement de deux jours.

La résistance de **Phalsbourg** fut particulièrement honorable. La garnison comptait 1200 hommes, commandés par le chef d'escadron d'artillerie Taillant. La population supporta courageusement le bombardement, qui détruisit un tiers de la ville.

Le 12 décembre, il n'y avait plus de pain.

La place était investie depuis le 10 août. Le commandant fit détruire l'artillerie, les munitions, tout ce que l'ennemi aurait pu utiliser ; il fit ensuite ouvrir les portes et se rendit à discrétion. C'est ainsi que l'honneur militaire commande de faire, quand tous les moyens ont été épuisés.

Montmédy, — 3000 hommes de garnison. — La place, dans une position très forte, résista à une attaque par l'artillerie de campagne, le 5 septembre. La garnison fit quelques sorties heureuses ; mais, après la prise de Thionville, un bombardement de deux jours amena la capitulation [2] (13 décembre).

---

1. La capitulation spécifiait que le matériel de guerre serait rendu à la France. Cette clause fut exécutée.
2. La plus grande partie de la garnison réussit à se sauver en passant sur le territoire belge.

Mézières, — 2000 hommes de garnison; — capitula après un bombardement qui détruisit presque toute la ville. Elle avait reçu 12 000 projectiles (1er janvier 1871).

Rocroy, — 300 hommes; — se rendit après un court bombardement (5 janvier).

Péronne, — 3500 hommes de garnison, — résista à un bombardement qui détruisit la moitié de la ville; mais, après la bataille de Bapaume, désespérant d'être délivrée par l'Armée du Nord, elle capitula (10 janvier).

Longwy, — 4000 hommes de garnison, très petite place, ne fut attaquée que fort tard. Elle capitula après un bombardement violent de quatre jours, pendant lequel elle avait reçu 28 000 obus (23 janvier).

La place de **Belfort** fut vigoureusement défendue par le colonel du génie Denfert-Rochereau. Sa garnison, forte de 18 000 hommes, fit une défense très active et construisit des ouvrages avancés, qui retardèrent, pendant longtemps, les attaques de l'ennemi sur le corps de place.

Les premières troupes allemandes parurent devant Belfort le 3 novembre. L'artillerie de l'attaque ne put prendre la supériorité sur celle de la défense. Cependant, lorsque le général Bourbaki vint livrer bataille sur la Lisaine, la garnison ne fit aucune tentative de sortie.

Après la retraite de l'Armée de l'Est, les attaques d'un siège régulier furent menées avec plus d'énergie, mais sans beaucoup de résultat. Les Allemands y employèrent plus de 25 000 hommes.

Enfin, le 16 février, les hostilités furent suspendues sur l'ordre du Gouvernement de la Défense nationale. La garnison sortit avec armes et bagages. Le siège avait duré cent trois jours, dont soixante-treize jours de bombardement[1].

Les pertes avaient été d'environ 5000 hommes.

Le siège de **Bitche** est un des faits remarquables et consolants de la guerre. La place est située dans les Vosges, sur un rocher difficilement accessible. Elle avait seulement 1500 hommes de garnison, mais des vivres en abondance. Elle fut attaquée aussitôt après la bataille de Frœschwiller.

Elle subit un bombardement de dix jours, pendant lequel elle reçut 20 000 obus. Cependant, les Allemands ne purent s'en emparer. La ville ne leur fut remise que le 27 mars, sur l'ordre du Gouvernement; il y avait un mois que le traité de paix était accepté par l'Assemblée nationale. La garnison sortit avec armes et bagages. La résistance avait duré deux cent trente jours.

---

1. Pour perpétuer le souvenir de cette énergique résistance, la ville de Belfort a été autorisée à placer une croix de la Légion d'honneur dans ses armoiries.

XI

FIN DE LA GUERRE

Les conditions de paix imposées par les Allemands étaient si dures pour la fierté nationale que beaucoup de patriotes eussent été disposés à continuer la lutte. Gambetta et le général Chanzy étaient du nombre.

Ils n'avaient certainement aucun espoir de vaincre l'ennemi en rase campagne, puisque, depuis longtemps, il n'existait plus de troupes régulières; mais, plutôt que d'abandonner l'Alsace et la Lorraine, ils voulaient prolonger la guerre, imiter l'exemple de l'Espagne qui, après une lutte de cinq années, 1808 à 1813, contre les armées françaises, avait conservé son indépendance [1] et sauvegardé l'intégrité de son territoire.

Il fallait, disait le général Chanzy, refuser les grandes batailles, abandonner le système de la guerre de masses, si malheureusement suivi jusqu'alors, résister derrière tous les obstacles, harceler l'ennemi, couper ses communications, empêcher son ravitaillement, l'user en détail, et faire le vide devant lui.

Un heureux coup de main effectué par une troupe de partisans venait de montrer ce qu'il eût été possible d'espérer.

---

1. Voir l'Appendice.

Destruction du pont de Fontenoy-sur-Moselle (22 janvier). — Au commencement de décembre, un camp d'instruction avait été créé près de *Lamarche*, à cinquante kilomètres au nord de Langres. Autour d'un noyau de troupes régulières, dont les éléments provenaient de soldats évadés des prisons de l'ennemi, se groupèrent des forestiers, des volontaires alsaciens et lorrains.

Ces partisans eurent avec l'ennemi plusieurs escarmouches heureuses, qui éprouvèrent leur solidité. Des officiers énergiques formèrent alors le projet de faire sauter un pont de chemin de fer sur la ligne de Strasbourg à Paris, principale ligne de ravitaillement du corps de siège de Paris, et le capitaine Cournès reconnut lui-même soigneusement l'itinéraire à suivre pour traverser les lignes des postes allemands.

250 hommes déterminés, sous les ordres du commandant Bernard, partirent le 18 janvier au soir, par un froid de 21° au-dessous de zéro. Ils marchaient la nuit et se reposaient le jour, dans des fermes isolées.

Dans la nuit du 21 au 22 janvier, ils traversèrent la Moselle, près du village de Fontenoy, entre Toul et Nancy. Ils surprirent le poste de la gare, et découvrirent la chambre de mine qui était ménagée dans une pile du pont.

A sept heures du matin, le pont sautait et la petite troupe s'éloignait avec sept prisonniers sans avoir perdu un seul homme.

Ce coup de main exaspéra les Allemands; ils brûlèrent le village de Fontenoy, dont les malheureux habitants n'avaient eu connaissance de rien; ils imposèrent à la Lorraine une contribution de dix millions de francs. Ils prirent des otages et les forcèrent de monter sur les locomotives, pour empêcher les partisans de faire dérailler les trains. Ils réquisitionnèrent des ouvriers dans les chantiers de Nancy, menaçant de fusiller les surveillants s'il ne s'en présentait pas, etc. Leurs violences dépassèrent toute mesure.

CONCLUSION DE LA PAIX

A ceux qui voulaient continuer la guerre, les gens prudents répondirent que le pays serait dévasté et la France ruinée, qu'il n'y avait aucune chance de lasser les Allemands, ni aucune espérance d'une intervention des puissances étrangères.

Une Assemblée nationale se réunit à Bordeaux. M. Thiers, nommé chef du pouvoir exécutif de la République française, fut chargé des négociations.

Les Allemands exigeaient la cession de l'Alsace et de la Lorraine, et une indemnité de guerre de cinq milliards.

Le négociateur français insista pour conserver Belfort, qui résistait encore. Les Allemands finirent par y consentir; mais ils exigèrent, en retour, qu'une partie de l'armée allemande entrât dans Paris.

Les préliminaires de paix furent signés le 26 février, et acceptés le 1er mars par l'Assemblée nationale à la suite d'un vote silencieux.

Le 1er mars, un corps de 30 000 Allemands entra dans Paris. Il suivit l'avenue des Champs-Élysées jusqu'aux Tuileries et y resta quarante-huit heures.

Cette entrée n'eut rien de triomphal. Elle se fit dans le vide, les rues adjacentes étant soigneusement barrées par des postes de garde nationale, afin d'éviter tout contact entre la population et l'ennemi. D'ailleurs, les Allemands appréhendaient beaucoup la surexcitation du peuple parisien, d'où pouvaient résulter les conflits les plus graves.

Traité de Francfort. — Le traité définitif fut signé à **Francfort**, le 10 mai.

La France céda à l'Empire allemand : les départements du *Haut-Rhin*, chef-lieu Colmar; du *Bas-Rhin*, chef-lieu Strasbourg; et une partie des départements de la *Moselle*, avec Metz, de la *Meurthe* et des *Vosges*. Ces territoires forment, depuis cette époque, un Pays d'Empire *Reichsland)* qui n'est pas incorporé à la Prusse, mais qui est administré directement par un lieutenant de l'Empereur (*Statthalter*).

Les parties des départements de la Meurthe et de la Moselle laissées à la France, ont été réunies pour former le département nouveau de *Meurthe-et-Moselle*, dont le chef-lieu est Nancy.

Au début de la guerre, l'Allemagne mobilisa 1 180 000 hommes. Au mois de février 1871, elle avait 1 350 000 hommes sous les armes; — plus de 1 100 000 hommes passèrent la frontière française.

La France mit sur pied plus de 1 900 000 hommes. Au moment de la signature des préliminaires de paix, 380 000 hommes étaient prisonniers en Allemagne et 90 000 internés en Suisse.

On compte approximativement que la France a perdu près de 139 000 hommes morts et qu'elle a eu 137 000 blessés.

Les Allemands accusent seulement 34 300 tués, 12 300 morts de maladie, et 128 000 blessés. Ces chiffres paraissent au-dessous de la réalité.

Cette histoire, dont chaque page rappelle une douleur, contient de graves enseignements.

Pendant de longues années, insouciante du danger, la France s'était, en quelque sorte, engourdie dans le bien-être. Ni moralement, ni matériellement, la nation n'était préparée à la guerre.
Le réveil fut terrible.

Un peuple ne doit jamais s'abandonner ; le premier devoir du citoyen est de se tenir prêt à défendre la Patrie : les jeunes hommes en prenant les armes et en se portant au-devant de l'ennemi, les anciens en gardant les lignes d'étapes et les places fortes ; ceux qui ne sont pas aptes au service armé doivent se rendre utiles dans les hôpitaux et dans les services de l'administration et des ravitaillements.
Le service militaire est obligatoire pour tout le monde. Cette obligation ne peut paraître dure qu'à ceux dont le cœur n'est pas à la bonne place.
Tous les hommes, depuis vingt et un ans jusqu'à quarante-cinq ans, sont classés, suivant leur âge, dans l'armée active, dans la réserve, dans l'armée territoriale, et dans la réserve de l'armée territoriale. Les moins valides sont employés dans les services auxiliaires. Les femmes même apportent leur concours à la défense nationale en s'associant pour assurer des secours aux blessés.
Mais il est nécessaire aussi que tout soit bien organisé à l'avance. La guerre peut éclater comme un coup de foudre, et telle est aujourd'hui l'activité de l'ennemi dont nous serions menacés, que, moins d'une semaine après la déclaration de guerre, 800 000 hommes seraient sur nos frontières.
Nous devons en avoir autant à leur opposer.

Il faut que le soldat soit instruit, entraîné à la fatigue, et animé du sentiment du devoir; qu'il soit attentif aux ordres de ses chefs, et marche toujours en avant.

Sans instruction militaire, une troupe ne peut acquérir la cohésion, c'est-à-dire le contact des coudes, dont manquaient les armées de la Défense nationale.

Les rassemblements d'hommes qui furent formés en bataillons et en régiments, n'étaient pas des soldats. Ils en donnaient l'illusion, et le Gouvernement de la Défense nationale, contrairement à l'avis des vieux généraux, espérait des victoires qu'ils n'étaient pas à même de remporter.

Quoi qu'il en soit, ce sont eux qui ont relevé le drapeau tombé de nos mains à Metz et à Sedan et qui, combattant sans espoir de vaincre, ont sauvé l'honneur de la France. C'est grâce à eux que la France est toujours crainte et respectée.

« Aucune nation en Europe, a écrit un général allemand, n'aurait été capable de faire ce que la France a fait. »

Aux armées aguerries de l'Allemagne, nous n'avions à opposer que des soldats improvisés; ils ont cependant inspiré à l'ennemi l'étonnement, le respect, et parfois l'admiration.

S'il a fallu quatre mois de rudes combats pour réduire la France, alors qu'il n'y avait plus ni armée, ni matériel de guerre, ni gouvernement régulier, quels seraient les efforts à faire par l'ennemi, aujourd'hui que la mobilisation de tous les hommes en état de porter les armes est préparée dans les plus petits détails ?

Puis, nous aurions le souvenir des défaites à venger.

Le temps des capitulations est passé; chacun serait prêt à une guerre sans merci, car l'existence même de la France serait en jeu.

FIN DE LA GUERRE

La guerre de 1870, laissant la France vaincue et démembrée, n'avait pas cependant brisé son énergie.

Les Allemands lui imposèrent une contribution de guerre de *cinq milliards* de francs [1], somme énorme à laquelle s'ajoutèrent encore 567 *millions*, représentant les intérêts, les frais, etc.

Cette contribution devait être payée avant 1875 et le territoire des provinces de l'Est, occupé jusqu'à paiement complet.

Le paiement fut terminé en 1873, et le territoire libéré à cette époque.

On peut estimer également à *cinq milliards* les pertes de toute nature causées par la guerre, et au double ce qu'il fallut dépenser pour reconstruire les forteresses et reconstituer le matériel.

La France a trouvé ces ressources avec une facilité qui prouve sa richesse.

Elle a réparé ses désastres avec une rapidité qui a, d'une part, inquiété ses ennemis, et qui, d'autre part, lui a ramené des amis, car on n'aime ordinairement que les gens forts et dont l'amitié est utile.

Nous ne savons pas à quel moment la guerre peut recommencer et nous attendons l'avenir. Il faut, jeunes gens, toujours y penser, et conserver dans vos cœurs le souvenir des épreuves que vos pères ont eu à supporter.

---

[1]. Cinq milliards de francs représentent un poids de 25 millions de kilogrammes en pièces d'argent; plus de 1 600 000 kilogrammes en pièces d'or. En or, c'est le chargement de 200 wagons portant chacun 8 tonnes de 1000 kilogrammes.

Mais, en réalité, il ne fut payé que 512 millions de francs en numéraire; le reste fut soldé en papiers de commerce, dont le paiement fut garanti par un emprunt que la France, grâce à son crédit, trouva d'ailleurs à négocier facilement et qui fut souscrit dans le monde entier.

Je ne vous parle ni de haine, ni de revanche. Ce sont des mots qui font beaucoup de bruit et qu'on entend souvent dans la bouche de ceux qui aiment mieux parler qu'agir.

Je vous dis seulement :

Que chacun connaisse son devoir et soit à même de le remplir !

Soyez fermes dans le danger ; aimez votre Patrie !

Dévouez-vous jusqu'à la mort au Drapeau qui en est le symbole !

APPENDICE

TABLEAU RÉSUMÉ
DES GUERRES DE LA RÉVOLUTION ET DE L'EMPIRE
DE 1790 A 1815

Depuis la Révolution jusqu'à la chute de Napoléon, chaque année est marquée par des batailles dont les noms glorieux sont inscrits sur nos drapeaux.

Les armées françaises sont entrées dans presque toutes les capitales de l'Europe. En voici les dates :

Bruxelles (Belgique)	14 novembre 1792. — 10 juillet 1794.
Amsterdam (Hollande)	20 janvier 1795.
Munich (Bavière)	25 août 1796.
Milan (Lombardie)	15 mai 1796. — 2 juin 1800.
Rome (États du Pape)	15 février 1798.
Le Caire (Égypte)	2 juillet 1798.
Naples (Roy^me des Deux-Siciles)	23 janvier 1799.
Vienne (Autriche)	13 novembre 1805. — 13 mai 1809.
Berlin (Prusse)	27 octobre 1806.
Lisbonne (Portugal)	30 novembre 1807.
Madrid (Espagne)	4 décembre 1808.
Moscou (Russie)	4 septembre 1812.

Les guerres de la Révolution et de l'Empire sont résumées dans le tableau suivant :

En 1792, la Prusse et l'Autriche sont alliées contre la France. Les Prussiens sont battus à **Valmy**; les Autrichiens à **Jemmapes** [1]. Les armées françaises conquièrent la Belgique.

En 1793, le roi Louis XVI est condamné à mort par la Convention nationale et exécuté.

Les puissances de l'Europe se coalisent contre la France. Toutes nos frontières sont menacées. Victoire de **Wattignies** [2] sur la frontière du nord.

Toulon est livré aux Anglais.

En 1794, victoire de **Fleurus** [3] sur la frontière du nord. — Toulon est repris (c'est au siège de Toulon que Bonaparte, alors chef d'escadron d'artillerie, commence sa réputation).

En 1795, les troupes françaises passent la frontière des **Pyrénées** et occupent les Provinces basques et la Catalogne.

A la paix, en 1795, *la France acquit ses limites naturelles*, c'est-à-dire toute la rive gauche du Rhin et la Belgique.

La guerre continua contre l'Autriche et l'Angleterre.

En 1796 et en 1797, Bonaparte commandait l'armée d'Italie; il remporta les grandes victoires de **Castiglione** et de **Rivoli**, et imposa la paix à l'Autriche.

En 1798-1799, Bonaparte conduisit une expédition en **Égypte**; il remporta la victoire des **Pyramides** [4] et fit la conquête du

---

1. *Jemmapes*, localité de Belgique, près de la frontière.

2. *Wattignies*, près de Maubeuge.

3. *Fleurus*, ville de Belgique.

4. Les Pyramides d'Égypte sont de gigantesques monuments de pierre, situés près du Caire, la capitale de l'Égypte, et élevés à la mémoire des anciens rois.

pays, mais les Anglais étaient maîtres de la mer et empêchaient les communications avec la France.

Bonaparte réussit cependant à revenir en France. Après son départ, l'Égypte fut évacuée à la suite d'une convention avec les Anglais.

En 1800, la guerre recommence contre l'Autriche.
Bonaparte passe les Alpes au col du **Grand Saint-Bernard** et bat les Autrichiens à **Marengo**.

De 1801 à 1805, il y eut une période de paix.

En 1804, Bonaparte est proclamé empereur, sous le nom de Napoléon Ier.

En 1805, guerre contre l'Autriche, alliée de la Russie et de l'Angleterre. Victoire d'**Austerlitz** [1] ; mais notre flotte est détruite par les Anglais à **Trafalgar** [2].

En 1806, guerre contre la Prusse, alliée de l'Angleterre et de la Russie. L'armée prussienne fut anéantie dans les deux batailles d'**Iéna** et d'**Auerstædt**, livrées le même jour [3].

Pendant sept ans, de 1806 à 1813, les armées françaises occupent la Prusse.
La Russie continue la guerre.

En 1807, guerre contre la Russie, batailles d'**Eylau** et de **Friedland** [4].

En 1808, Napoléon domine toute l'Europe, mais son ambition n'a pas de bornes. Il veut placer un de ses frères sur le trône d'Espagne. Toute l'Espagne se soulève ; l'insurrection espagnole est soutenue par les Anglais qui lui fournissent de l'argent et envoient une armée.

---

1. *Austerlitz*, localité au nord de Vienne, la capitale de l'Autriche.
2. *Trafalgar*, près du détroit de Gibraltar.
3. *Iéna* et *Auerstædt*, localités de la Saxe, au sud-ouest de Berlin.
4. *Eylau* et *Friedland*, localités de la Prusse orientale.

De 1808 à 1814, les armées françaises s'usent, en Espagne, dans une guerre sanglante contre un peuple patriote qui défend son indépendance.

En 1809, nouvelle guerre contre l'Autriche. — Batailles d'**Essling** et de **Wagram** [1], près de Vienne.

En 1812, Napoléon envahit la Russie. Dans les corps de la *Grande Armée*, qui compte plus de 400 000 hommes, marchent des régiments de toutes les nations de l'Europe, auxquelles l'Empereur a imposé sa volonté : italiens, espagnols, prussiens, autrichiens, etc.

Une sanglante bataille est livrée près de la rivière de la **Moskova**, en avant de *Moscou* [2].

Au moment où l'armée française entre à Moscou, les Russes incendient la ville et refusent de faire la paix.

Alors commence un rude hiver ; l'armée française est obligée de battre en retraite dans la neige, par un froid terrible, harcelée par des nuées de cosaques. La *retraite de Russie* est restée, dans l'histoire, comme le souvenir d'un des plus grands désastres subis par une armée.

En 1813, la Prusse, profitant de nos malheurs, souleva toute l'Allemagne contre nous.

Malgré les victoires de **Lutzen** et de **Bautzen** [3], la paix ne put se faire.

Après la grande bataille de **Leipzig** [4] l'armée française repassa le Rhin.

En 1814, la France fut envahie par les armées alliées de la Prusse, de l'Autriche, de la Russie et de l'Angleterre.

---

1. *Essling* et *Wagram*, localités à l'est de Vienne, près du Danube.
2. *Moscou* est la plus grande ville et la plus riche de la Russie, la ville sainte où se fait le couronnement des tsars.
3. *Lutzen* et *Bautzen*, localités du royaume de Saxe.
4. *Leipzig*, ville importante du royaume de Saxe.

Napoléon leur tint tête avec une armée réduite à une centaine de mille hommes et livra, en Champagne, les combats de **Brienne**, **Champaubert**, **Montmirail**, **Montereau**, **Craonne**, etc.

Il succomba sous le nombre ; les Alliés entrèrent à Paris.

L'Empereur abdiqua et se retira à l'île d'Elbe [1] ; le roi Louis XVIII monta sur le trône.

En **1815**, Napoléon revint de l'île d'Elbe. La guerre recommença ; mais l'armée française fut écrasée à **Waterloo** [2] par les Anglais et les Prussiens réunis. Une seconde fois, la France fut envahie, et les Alliés entrèrent de nouveau à Paris.

La défaite de Waterloo mit fin à l'Empire.

L'Empereur, qui avait cherché asile sur un vaisseau de guerre anglais, fut déporté à l'île de Sainte-Hélène [3] où il mourut en 1821.

---

1. L'île d'*Elbe*, entre la Corse et l'Italie.

2. *Waterloo*, localité de Belgique près de Bruxelles.

3. *Sainte-Hélène*, île isolée dans l'Océan, à l'ouest de l'Afrique.

TABLEAU

DES PRINCIPAUX COMBATS DE LA GUERRE DE 1870

Ire Période : jusqu'à la bataille de Sedan.

	ARMÉE DU RHIN	ARMÉE DE CHALONS	FORTERESSES
	Commandement de l'empereur Napoléon III.		
2 août...	Sarrebruck (général Frossard).		
4 — ...	Vissembourg (général Abel Douay).		
6 — ...	Forbach (général Frossard).		
6 — ...	Frœschviller (maréchal de Mac-Mahon).		
10 — ...			La Petite-Pierre
	Commandement du maréchal Bazaine.		
14 — ...	Borny		Lichtenberg.
16 — ...	Rezonville		Marsal.
18 — ...	Saint-Privat.		
		Commandement du maréchal de Mac-Mahon.	
27 — ...		Buzancy.	
29 — ...		Nouart.	
30 — ...		Beaumont.	
31 — ...	Noisseville	Bazeilles.	
1er sept^{bre}		Sedan { Mac-Mahon. Wimpffen.	
9 —			Laon.

IIᵉ Période : jusqu'à la capitulation de Metz.

	ARMÉE DE METZ	ARMÉE DE PARIS	ARMÉE DE LA LOIRE	ARMÉE DES VOSGES	FORTERESSES
		Général Trochu, gouverneur (*Général Ducrot commandant l'armée*).			
17 septembre		Montmesly.			
19 —		Châtillon.			
23 —		Villejuif.			Toul.
26 —	Ladonchamps. Peltre.				Strasbourg (*général Uhrich*). (9 août au 26 septembre.)
26 —		Chevilly.			
30 —					
2 octobre	Ladonchamps.				

	ARMÉE DE METZ	ARMÉE DE PARIS	ARMÉE DE LA LOIRE	ARMÉE DES VOSGES	FORTERESSES
6 octobre	....	....	....	Commandement du général de Cambriels.	
7	Ladonchamps.			La Bourgonce (général Dupré).	
9	....	....	Commandement général de Motter-Rouge.		
10	....	....	Artenay.	Rambervillers.	
11	....	....	Orléans.	Brouvelieures. Bruyères.	
13	....	Bagneux.			
15	....				
18	....		Défense de Châteaudun (Lipowski).		
20	....				Soissons.
21	....	La Malmaison		Étuz.	
22	....				
23	....			Châtillon.	Schlestadt.
25	....				
28	CAPITULATION DE METZ.	Le Bourget.			
30	....			Occupation de Dijon.	

IIIᵉ Période : jusqu'à la fin de la guerre.

	ARMÉE DE PARIS	ARMÉE DE LA LOIRE	ARMÉE DU NORD	ARMÉE DES VOSGES	FORTERESSES
3 novembre		Commandement du général d'Aurelle de Paladines.			Investissement de Belfort.
8 —					Verdun.
9 —		Coulmiers.			
19 —				Châtillon-sur-Seine (Ricciotti Garibaldi).	La Fère.
24 —		Ladon-Maizières (général Crouzat).			
26 —			Villers-Bretonneux (général Faure).	Dijon (Garibaldi).	
27 —					
28 —		Beaune-la-Rolande (général Crouzat).			
30 —	Montmesly. Choisy-le-Roi.			Nuits (général Cremer).	
1ᵉʳ décembre	Champigny.	Villepion.		Autun (Garibaldi).	
2 —		Loigny-Poupry.			
3 —		Orléans.			
4 —					
5 —			Occupation de Rouen.		

	ARMÉE DE PARIS	IIᵉ ARMÉE DE LA LOIRE	ARMÉE DU NORD	ARMÉE DES VOSGES	FORTERESSES
		Commandement du général Chanzy.	Commandement du général Faidherbe.		
7 au 10 décembre		Josnes.			
9			Ham.		
12					Phalsbourg.
13					Montmédy.
14		Fréteval.			
15		Vendôme.			
18					
21	Le Bourget.				
23			Pont-Noyelles.		
31		Vendôme.		Nuits (général Cremer).	
1ᵉʳ janvier					Mézières.

IIIᵉ Période : jusqu'à la fin de la guerre.

	ARMÉE DE PARIS	IIᵉ ARMÉE DE LA LOIRE	ARMÉE DU NORD	ARMÉE DE L'EST	FORTERESSES
				Commandement du général Bourbaki.	
3 janvier			Bapaume.		
5 —					Rocroy.
9 —				Villersexel.	
10 —		Le Mans.			Péronne.
11 —		Retraite sur la Mayenne.			
13 —				Arcey.	
15 —		Sillé-le-Guillaume. Saint-Jean-sur-Erve. Alençon.			
16 —				HÉRICOURT.	
17 —		Saint-Mélaine.			
18 —				Retraite sur Besançon et Pontarlier.	
19 —	Montretout — Buzenval.		Saint-Quentin.		
21 —				Dijon (*Garibaldi*).	
22 —				Destruction du pont de Fontenoy.	
23 —					Longwy.

		ARMÉE DE L'EST	FORTERESSES
26 janvier	....	Commandement du général Clinchant. Salins.	
28	— ..Capitulation de Paris et Armistice.		
29	—	Chaffois. Sombacourt.	
1er février	....	La Cluse. L'Armée de l'Est passe en Suisse.	
16	—		Reddition de Belfort sur l'ordre du gouvernement (*Denfert-Rochereau*).
26	— ..Signature des Préliminaires de Paix.		
27 mars	....		Reddition de Bitche dont le siège a commencé le 6 août.
10 mai	..Traité de Francfort.		

TABLE DES MATIÈRES

Avant la guerre. — Relations de la France et de la Prusse. 7
Résumé des guerres modernes. — Conquête de l'Algérie (1830-1856). — Guerre de Crimée (1854-1855). — Guerre d'Italie (1859). — Expédition de Syrie (1860). — Guerre du Mexique (1862-1867). — Guerre entre la Prusse et l'Autriche (1866).................................. 9

I. **Préparatifs de guerre.** — Causes de la guerre de 1870. 13
Mobilisation des armées. — Formation des armées allemandes. — Formation de l'armée française................ 15
Description du théâtre de la guerre. — Places fortes. 20

II. **L'Armée du Rhin.** — Combat de Sarrebruck (2 août)... 23
En Alsace. — Combat de Wissembourg (4 août). — Bataille de Frœschwiller (6 août)........................ 24
En Lorraine. — Combat de Forbach (6 août).......... 26
Batailles autour de Metz. — Bataille de Borny (14 août). — Bataille de Rezonville (16 août). — Bataille de Saint-Privat (18 août)... 27

III. **Sedan — Metz.** — Marche sur Sedan. — Bataille de Beaumont (30 août). — Combat de Bazeilles (31 août)...... 35
Bataille de Sedan (1ᵉʳ sept.)........................ 40
Blocus de Metz. — Combat de Noisseville (31 août). — Principaux combats pendant le blocus : Peltre et Ladonchamps (26 sept.). — Ladonchamps (2 oct. et 7 oct.). — Capitulation de Metz (28 et 29 oct.)..................... 47

TABLE DES MATIÈRES

IV. **La guerre en Province.** — Révolution à Paris. — Proclamation de la République. — Organisation de la résistance. — Opérations maritimes 55

V. **Armée de la Loire.** — Combat d'Artenay (10 oct.). — Défense de Châteaudun (18 oct.). — Bataille de Coulmiers (9 nov.). — Combat de Ladon et de Maizières (24 nov.). — Combat de Beaune-la-Rolande (28 nov.). — Combat de Villepion (1ᵉʳ déc.). — Bataille de Loigny-Poupry (2 déc.). — Bataille d'Orléans (3 et 4 déc.)........................ 63

VI. **Deuxième Armée de la Loire.** — Combats en avant de Josnes (7 au 10 déc.). — Combats sur le Loir : Fréteval, Vendôme (14 et 15 déc.). — Bataille du Mans (10 et 11 janv.). — Retraite sur la Mayenne : Combats de Sillé-le-Guillaume, de Saint-Jean-sur-Erve, d'Alençon (15 janv.); de Saint-Mélaine (18 janv.)........................ 71

VII. **Armée du Nord.** — Bataille de Villers-Bretonneux ou d'Amiens (27 nov.). — Occupation de Rouen par les Allemands (5 déc.). — Réoccupation de Ham (9 déc.). — Bataille de Pont-Noyelles (23 déc.). — Bataille de Bapaume (3 janv.). — Bataille de Saint-Quentin (19 janv.)........................ 77

VIII. **La guerre dans l'Est : Armée des Vosges et Armée de l'Est**........................ 83

Armée des Vosges. — Combats de la Bourgonce (6 oct.), de Rambervillers (9 oct.), de Brouvelieures et de Bruyères (11 oct.). — Combats sur l'Ognon : Étuz (22 oct.), Châtillon (25 oct.). — Combat de Dijon (30 oct.). — Combat de Châtillon-sur-Seine (18 nov.). — Combat de Dijon (26 nov.). — Combat d'Autun (1ᵉʳ déc.). — Combats de Nuits (30 nov. et 18 déc.)........................ 83

Armée de l'Est. — Combat de Villersexel (9 janv.). — Combat d'Arcey (13 janv.). — Bataille d'Héricourt ou de la Lisaine (15, 16, 17 janv.)........................ 89

Retraite de l'Armée de l'Est. — Combats de Dijon (21 et 23 janv.). — Combat de Salins (26 janv.). — Combats de Chaffois et de Sombacourt (29 janv.). — Combat de la Cluse (1ᵉʳ fév.)........................ 93

IX. **Le Siège de Paris**. — Organisation de la défense. — Troupes actives. — Garde nationale mobile. — Garde nationale sédentaire. — Corps francs. — Investissement. — Combat de Montmesly (17 sept.). — Combat de Châtillon (19 sept.). — Combat de Villejuif (23 sept.). — Combat de Chevilly (30 sept.). — Combat de Bagneux (13 oct.). — Combat de la Malmaison (21 oct.). — Premiers combats du Bourget (28 et 30 oct.). — Bataille de Champigny (30 nov.-2 déc.). — Deuxième combat du Bourget (21 déc.). — Bombardement. — Bataille de Montretout-Buzenval (19 janv.). — Proclamation de l'Empire allemand (18 janv.). — Capitulation de Paris (28 janv.).. 97

X. **Sièges des forteresses**. — La Petite-Pierre. — Lichtenberg. — Marsal. — Vitry. — Laon. — Toul. — Strasbourg. — Soissons. — Schlestadt. — Verdun. — Neuf-Brisach. — Thionville. — La Fère. — Phalsbourg. — Montmédy. — Mézières. — Rocroy. — Péronne. — Longwy. — Belfort. — Bitche.. 117

XI. **Fin de la guerre**. — Destruction du pont de Fontenoy-sur-Moselle (22 janv.). — Préliminaires de paix. — Traité de Francfort (10 mai).. 125

APPENDICE

Tableau résumé des guerres de la Révolution et de l'Empire, de 1792 à 1815.. 133

Tableau des principaux combats de la guerre de 1870......... 139

TABLE DES ILLUSTRATIONS

La charge des cuirassiers à Morsbronn	22
La charge de Mars-la-Tour	30
Les dernières cartouches	43
Défense de Châteaudun	62
Combat de Villersexel	88
Combat aux environs de Paris	105
Le lendemain de Champigny	109

TABLE DES CARTES

I.	— L'Europe en 1870	1
II.	— Le théâtre de la guerre	20
III.	— Armée du Rhin	22
IV.	— Batailles autour de Metz	26
V.	— Marche sur Sedan	34
VI.	— Bataille de Sedan	40
VII.	— Armée de la Loire	62
VIII.	— Deuxième armée de la Loire	70
IX.	— Armée du Nord	78
X.	— Armée des Vosges et Armée de l'Est	82
XI.	— Siège de Paris	98
XII.	— Fortifications de Paris en 1886	98

Coulommiers. — Imp. PAUL BRODARD. — 182-96.

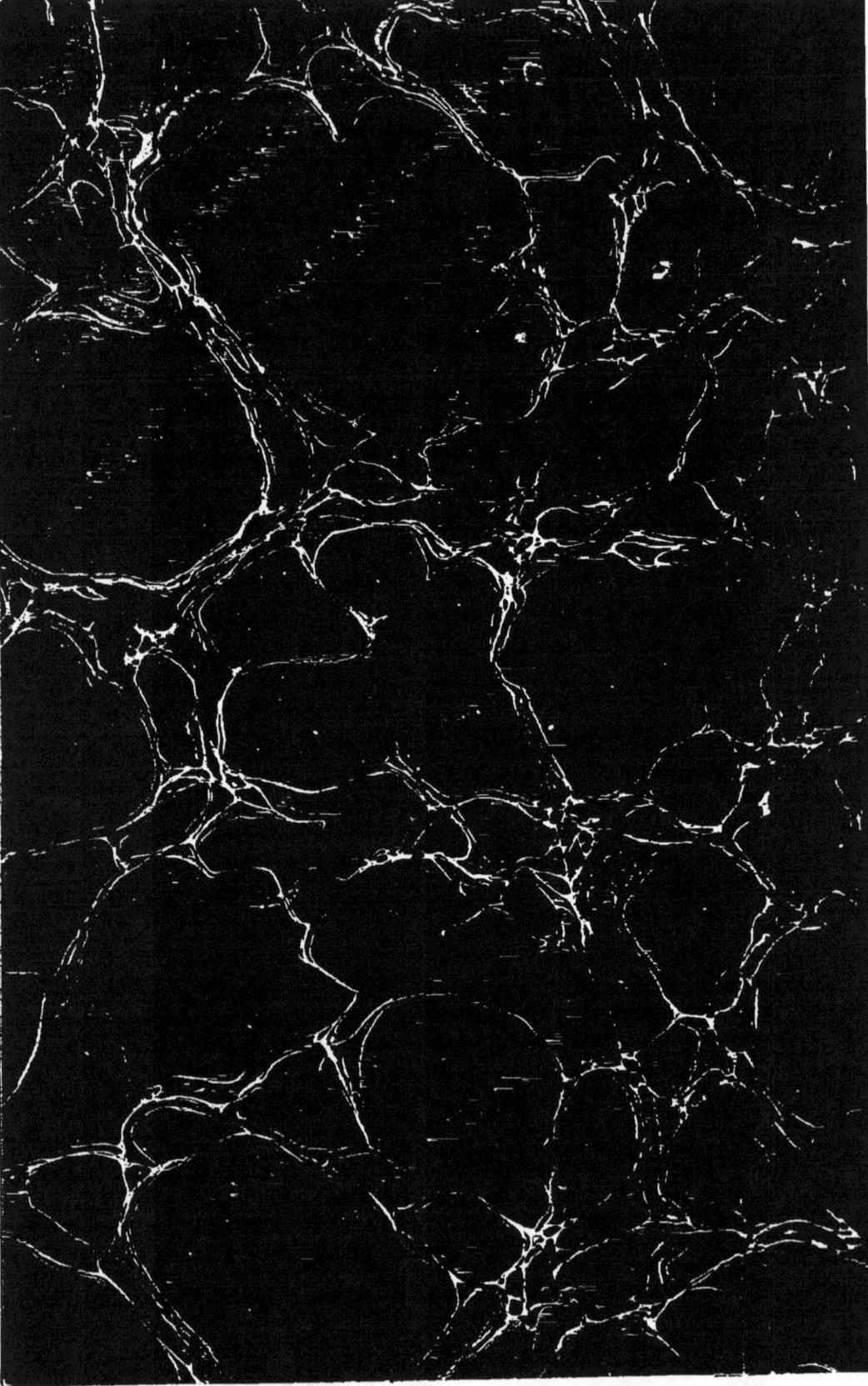

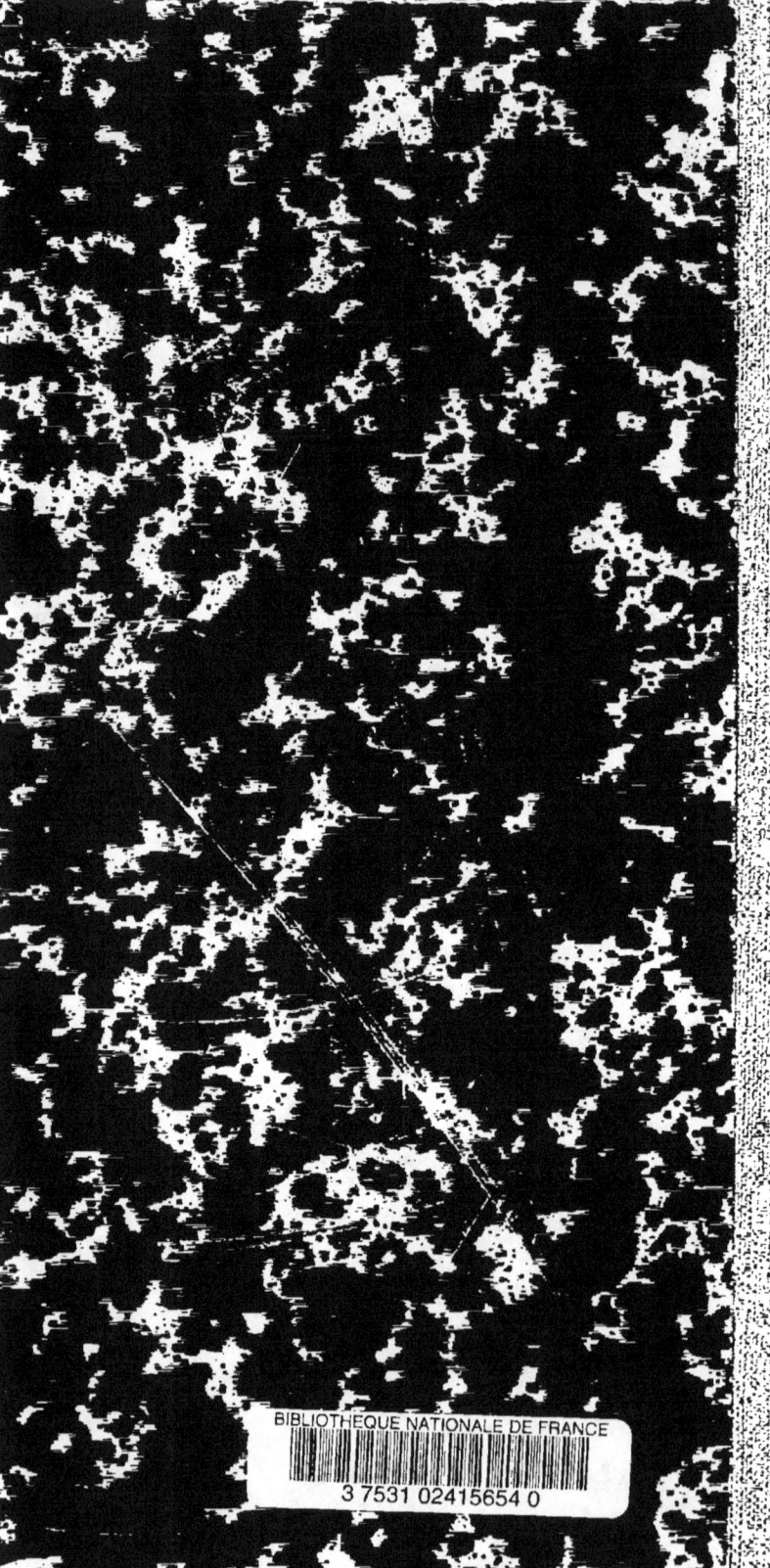